KW-417-970

Y GOFALWR

Y Gofalwr

Cyfieithiad o *The Caretaker*
Harold Pinter

gan Elis Gwyn Jones

Harold Pinter

Ganwyd Harold Pinter yn Llundain yn 1930. Yn ystod ei yrfa, ysgrifennodd 29 o ddramâu sy'n cynnwys *The Birthday Party, The Room, The Caretaker* a *The Homecoming* a nifer o sgriptiau ffilm sydd yn cynnwys *The Servant, The Accident, The Birthday Party* a *The Caretaker*. Bu hefyd yn gyfarwyddwr ar dros 25 o gynyrchiadau theatr.

Yn 2005, derbyniodd y Wobr Nobel am Lenyddiaeth. Bu farw ar 24 Rhagfyr 2008 wedi brwydr hir yn erbyn canser yr afu.

Argraffiad cyntaf: 2011

ⓗ cyfieithiad Cymraeg: Mair Jenkin Jones

ⓗ cyhoeddi'r cyfieithiad: Gwasg Carreg Gwalch

The Caretaker © Harold Pinter, 1960

Dylid cyfeirio pob cais yn ymwneud â pherfformio, cyhoeddi ac ati at Judy Daish Associates Ltd., 2 St Charles Place, Llundain W10 6EG Ni chaniateir perfformiadau heb drwydded.

Cedwir pob hawl.
Ni chaniateir atgynhyrchu unrhyw ran o'r cyhoeddiad hwn na'i gadw mewn cyfundrefn adferadwy, na'i drosglwyddo mewn unrhyw ddull na thrwy unrhyw gyfrwng electronig, electrostatig, tâp magnetig, mecanyddol, ffotocopïo, recordio, nac fel arall, heb ganiatâd ymlaen llaw gan y cyhoeddwyr, Gwasg Carreg Gwalch, 12 Iard yr Orsaf, Llanrwst, Dyffryn Conwy, Cymru LL26 0EH.

Rhif rhyngwladol: 978-1-84527-357-6

Cyhoeddwyd dan nawdd CBAC

Cydnabyddir cydweithrediad parod Mair Jenkin Jones a Theatr Genedlaethol Cymru gyda'r cyhoeddiad hwn.

Cynllun clawr: Eirian Evans

Cyhoeddwyd gan Wasg Carreg Gwalch,
12 Iard yr Orsaf, Llanrwst, Conwy, LL26 0EH.
Ffôn: 01492 642031 Ffacs: 01492 641502
e-bost: llyfrau@carreg-gwalch.com
lle ar y we: www.carreg-gwalch.com

Cyflwyniad

Mae'r seibiau a geir yn nramâu Harold Pinter wedi'u trafod yr un mor drylwyr â'r llinellau cywrain eu hunain. Dywed ambell un mai'r mudandod a'r distawrwydd ysbeidiol yma sydd yn brodio'r tywyllwch a'r bygythiad i'r garthen orffenedig. Mae'r 'tyllau' yma a geir yn y garthen orffenedig yn gadael rhyw wynt oer i mewn i'ch esgyrn ac yn sicrhau na chewch chi noson rhy dda o gwsg oddi tanynt. Dyw Davies, yn sicr, ddim yn cael yr un noson gysurus yn ei loches fyr-hoedlog yng nghwmni Aston a Mick. Mae'r tyllau wedi'u pwytho yr un mor ofalus â'r clytwaith ei hun, ac wedi rhoi i ddramâu Pinter eu stamp unigryw eu hunain.

Ac yma, yng nghyfieithiad meistrolgar Elis Gwyn Jones, dim ond y mymryn lleia o ddychymyg sydd ei angen arnoch i gredu mai tri Chymro ydi Aston, Mic a Davies, yn ymbalfalu am eu tipyn bodolaeth mewn dinas oer, ddideimlad. Trwy blethu iaith lafar Llŷn ac Eifionydd i'r ddeialog mae'r cyfan yn gorwedd yn esmwyth ar y glust ond yr un mor anghyffordddus ar yr enaid. Er hynny, glynodd y cyfieithydd yn gyson i'r lleoliadau a'r enwau Llundeinig gan fod ym mhob enw ryw elfen o hiwmor neu fygythiad na cheir yn unman arall. Mae yma hefyd y mymryn lleiaf o addasu ar brydiau, sydd eto yn ychwanegu at yr hiwmor neu'r tensiwn – elfen dwi'n siŵr y byddai Pinter yn rhoi sêl ei fendith arno.

NODYN I'R ACTORION:

Tra'n chwilio am y gwirionedd yn y seibiau a'r distawrwydd, sy'n frith yn y ddrama hon, mae'n siŵr y cewch chi drafferth i ddarganfod cyfrinach ambell un. Dyma air o gysur ichi o enau'r awdur ei hun:

"Mae'r diawl seibiau yma i gyd yn ymwneud â'r hyn sy'n digwydd ar y pryd . . . ac os nad ydyn nhw'n gwneud unrhyw synnwyr, yna dwi wastad yn eu torri nhw. Dwi wedi diflasu'n ofnadwy ar adegau o weld ambell gynhyrchiad pan ddigwydd ambell saib am ei fod yn dweud 'saib,' neu ysbaid am ei fod yn dweud 'ysbaid'. Mae'n ffuantus ac yn gwbl ddiystyr. Pan fydda i yn actio yn fy nramâu fu hun, sef rhywbeth a wnaf yn achlysurol, dwi wedi anwybyddu eu hanner nhw."

Cysgwch yn dawel!

Cefin Roberts

Cyfieithiad
Elis Gwyn Jones

Ym mis Chwefror 2009, aeth Theatr Genedlaethol Cymru ar daith gyda drama gofiadwy gan yr athrylith o Lanystumdwy, Wil Sam neu W. S. Jones. *Bobi a Sami* oedd y ddrama, creadigaeth wreiddiol Gymraeg a gyffelybwyd i gynnyrch dramodwyr mawr traddodiad yr Afreswm neu'r Abswrd, megis Samuel Beckett, Harold Pinter ac Eugène Ionesco. Portreada'r ddrama anturiaethau dau gyfaill difreintiedig, dau o wehilion cymdeithas, sy'n cynllwynio ac yn llwyddo i ddianc o'u carchar-gartref, dim ond i ddychwelyd iddo yn ddoethach dynion ymhen y rhawg.

Ym mis Mawrth 2010, dyma Theatr Genedlaethol Cymru yn teithio cyfieithiad Cymraeg o ddrama enwog Harold Pinter, *The Caretaker*. Cyfieithwyd *Y Gofalwr* gan Elis Gwyn Jones, brawd Wil Sam; arlunydd, athro celf a beirniad drama craff a chrefftus. Elis Gwyn oedd beirniad praffaf ei frawd ac mewn rhagair i'r gyfrol *Deg Drama Wil Sam*, dywedodd nad oes arlliw o sentimentaliaeth yn perthyn i *Bobi a Sami* ond bod ynddi 'sentiment a thrugaredd, a chydymdeimlad gyda rhai sydd â'u doniau'n annefnyddiol gan y byd hwn'. Gellir disgrifio'r ddrama hon o waith Pinter hefyd a gynhyrchwyd gyntaf yn yr Art Theatre Club, Llundain yn 1960 o dan gyfarwyddyd Donald McWhinnie, fel un sy'n canoli ar brofiad y difreintiedig, y di-rym a'r di-angor mewn cymdeithas.

Disgrifir yr ystafell sy'n gynefin i'r tri chymeriad, Davies, y dyn dŵad, sydd dipyn yn hŷn na'r lleill, a'r ddau frawd, Mick ac Aston, fel hyn yn y gwreiddiol:

> A room. A window in the back wall, the bottom half covered by a sack. An iron bed along the left wall. Above it a small cupboard, paint buckets, boxes containing nuts, screws, etc. More boxes, vases, by the side of the bed . . . In front of it a gas stove. On the gas stove a statue of Buddha . . . a bucket hangs from the ceiling.

Yn y twll cwningen hwn, datblyga'r berthynas rhyngddynt ar gefnlen o ddibyniaeth, cenfigen, casineb, ofn, a thrais emosiynol a chorfforol. Mae'r geriach sy'n pentyrru ym mhob twll a chornel o'r ystafell yn ymgorffori'r myrdd o brofiadau dyrys a phoenus, rhai wedi eu mynegi, eraill wedi eu mygu, sy'n eiddo i'r tri dyn anfodlon ac aflonydd. Datguddir mân anawsterau ac argyfyngau mawrion eu bywydau blith draphlith, nes creu amgylchfyd gogleisiol o anghyfarwydd lle nad yw rheswm a rhesymeg ond yn atgofion o ryw orffennol niwlog, pell. Dyma'r ddrama y dewisodd Elis Gwyn ei chyfieithu ar gyfer ei chyflwyno, am y tro cyntaf, yn Theatr y Gegin, Cricieth ym 1964. Roedd yn benderfyniad blaengar a beiddgar o ystyried newydd-deb gwelediigaeth ddinesig, fodernaidd y ddrama a natur wledig cynulleidfa'r Gegin. Ond, fel y dadleuodd Roger Owen, ni chydnabu Cwmni'r Gegin erioed mo'r gwrthdaro rhwng y 'traddodiad amatur gwerinol a brogarol ar y naill law a thraddodiad y gelfyddyd fodern ar y llaw arall'. Dyma'n union agwedd Elis Gwyn wrth fwrw ati i gyfieithu'r ddrama hon.

Mewn erthygl yn dwyn y teitl, 'Dau Frawd', a gyhoeddwyd yn *Y Ffynnon*, Papur Bro Eifionydd, Mai 2009, disgrifir crefft feirniadol Elis Gwyn gan Elin Jones, un o ferched Wil Sam a nith Elis Gwyn. 'Gallai f'ewyrth,' meddai Elin, 'grynhoi'r cyfan mewn un paragraff craff, pe byddai angen, a dim gwastraff geiriol ar ei gyfyl, ond eto yn dweud y cyfan. Roedd ei lenyddiaeth, ei gyfieithiadau a'i sylwadau ysgrifenedig yr un mor atyniadol â'i ddarluniau.' Mae'r cyfieithiad hwn yn un triw a chywir gydag ychydig iawn o newid ond mae'r hyn a newidir yn cyflawni dau beth gwirioneddol athrylithgar. Yn gyntaf, dengys Elis Gwyn sensitifrwydd tuag at agosatrwydd ac uniongyrchedd y berthynas rhwng y ddrama a'i chynulleidfa – yn achos y gwreiddiol, cynulleidfa Saesneg ei hiaith, yn achos y cyfieithiad, cynulleidfa Gymraeg. Yn ail, llwydda i gyfleu, trwy gyfrwng y Gymraeg, y nodwedd hynod o'r gwreiddiol y byddai Pinter wedi ei disgrifio fel *'the relish, challenge and excitement in the language and through that language to character'*.

Ceir, yma a thraw, fân ychwanegiadau. Yn y cyfieithiad, disgrifir Mic fel un a chanddo natur agored, galonnog, Aston fel un sy'n llefaru'n bwyllog a manwl ac yn cau'i lygaid wrth feddwl, a Davies, yntau, yn ŵr tenau, treuliedig sy'n hoff o gau ei ddwrn ac ergydio am i lawr er mwyn pwysleisio ei eiriau. Ni cheir unrhyw ddisgrifiadau yn nhestun gwreiddiol Pinter. Mae'n debyg gen i mai'r ysfa i fwydo dychymyg y sawl a oedd yn fwy anghyfarwydd â chyd-destun y ddrama na'i chynulleidfa darged wreiddiol a gymhellodd y cyfryw ychwanegiadau. Mae iaith y ddrama, drwyddi draw, yn rhwydd a naturiol. Cyfieithir *a few bob* fel 'rai syllta' ac *I know they were a bit short handed* fel 'mi wn i bod hi'n fain arnyn nhw am staff'. Mae yna ambell i fan lle mae'r cyfieithydd yn fwy creadigol na'i gilydd wrth iddo gyfleu gobeithion didostur o anobeithiol Davies mewn modd sydd mor agos at brofiad ei gynulleidfa â phosibl.

Mae Elis Gwyn wedi deall bod y math o obaith egwan ond cyffrous sy'n rhagflaenu rhwystredigaeth cymeriadau fel Aston, Mic a Davies yn ganolog

Elis Gwyn yn coluro aelodau o Gwmni'r Gegin yn 1964

i'r ddrama. Yn fwy na hynny, mae wedi trosglwyddo'r ddealltwriaeth honno i'w gynulleidfa trwy gyfrwng iaith rymus, llawn sawr, sy'n cydnabod anian hanfodol y dramodydd, y cyfieithydd, y cymeriadau a'r gynulleidfa. Tipyn o gamp!

Anwen Jones

YR WYL DDRAMA

O DAN NAWDD Y MAER A CHYNGOR TREF PWLLHELI

NEUADD Y DREF, PWLLHELI

EBRIL 15—EBRILL 18, 1964

NOS IAU EBRILL 16

CWMNI DRAMA

THEATR FACH CRICIETH

Yn Cyflwyno

Y GOFALWR

Cyfieithiad o The Caretaker, Harold Pinter gan Elis Gwyn Jones

---

Goruchwylwyr y Llwyfan a'r Goleuadau :

Mr. JENKIN EVANS   Mr. E. O. HUMPHREYS

Mr. IDWAL OWEN   Mr. HUGH ROBERTS

Mr. W. J. KENNY.

Rhaglenni—Mr. R. F. GRIFFITH.

Ysgrifennydd—Mr. GLYN OWEN   *Trysorydd*—Miss MAIR E. JONES

Tocyn Wythnos—12/-.   Tocyn Dyddiol—3s. 6d.

Drysau'n agor 7 o'r gloch   I ddechrau 7-30 o'r gloch.

Pris Rhaglen ... TAIR CEINIOG

Argraffwyd gan Y Leader Press, Stryd Fawr, Pwllheli. Phohe 2408

Y GOFALWR

(Cyfieithiad o " THE CARETAKER " Harold Pinter gan
Elis Gwyn Jones)

Cymeriadau :

MIC	... STEWART JONES
ASTON	WILLIAM D. JONES
DAVIES	... GUTO ROBERTS

Cynhyrchydd—ELIS GWYN JONES

Goleuo a Threfn Llwyfan—IFAN GWYN JONES

Golygfa—*YSTAFELL YN LLUNDAIN*

Act I ... **Noson o Aeaf.**

Act II ... **Wedi Rhai Eiliadau**

Act III. ... **Ym mhen Pythefnos.**

Perfformiwyd *Y Gofalwr* yn wreiddiol
gan Gwmni'r Gegin, Cricieth:

Dau berfformiad yn Theatr y Gegin, Cricieth, 1964
Gŵyl Ddrama Pwllheli, 1964
Gŵyl Ddrama Llangefni, 1964
Dau berfformiad yn Eisteddfod Genedlaethol Maldwyn, y
Drenewydd, Awst 1965

Cwmni Theatr Cymru

Meredith Edwards yn

Y Gofalwr

Teithiwyd *Y Gofalwr* gan
Gwmni Theatr Cymru
yn Hydref 1970
dan gyfarwyddyd
Wilbert Lloyd Roberts
gyda Meredith Edwards
(Davies), Owen Garmon
(Aston) a Gwyn Parry (Mic)
gan ymweld â 26 o leoliadau

Y GOFALWR

cyfieithiad Elis Gwyn Jones
o '*The Caretaker*'
gan Harold Pinter

Davies...........................Meredith Edwards
Aston...........................Owen Garmon
Mic...........................Gwyn Parry

Golygfa : Ystafell mewn fflat.
Act 1 :   Gyda'r nos
Act 2 :   Eiliadau'n ddiweddarach
Act 3 :   Bythefnos wedyn

Dynodir amser yn mynd heibio yn ystod yr
actau gan dywyllwch.

Bydd deng munud o egwyl ar ôl Act 1 ac
Act 2.

Cyfarwyddwr :   Wilbert Lloyd Roberts
Cynllunydd :   Martyn Hebert
Rheolwr Llwyfan : Michael Povey
Goleuadau :   Michael Lloyd Jones
**Cynllunydd
Cynorthwyol :**   Hefin Evans
Gwisgoedd :   Edith Stanley
                 Nora Roberts
Cynorthwywyr :   Gareth Roberts
                 David Hywel

Gwnaed yr olygfa yng ngweithdy'r Cwmni
gan Buckley Wyn Jones a Paul Cisowski.

Gyda chefnogaeth Cyngor Celfyddydau
Cymru

Y DAITH

MEDI	29	Y Rhyl
,,	30	Prestatyn
HYDREF	1	Y Bala
,,	2	Bethesda
,,	3	Llangefni
,,	6	Y Trallwm
,,	7	Llangollen
,,	8	Rhosllannerchrugog
,,	9	Rhuthun
,,	10	Yr Wyddgrug
,,	12	Botwnnog
,,	13	Llanrug
,,	14	Caernarfon
,,	15	Bangor
,,	16	Bangor
,,	17	Llandrillo-yn-Rhos
,,	19	Y Drenewydd
,,	20	Caerdydd
,,	21	Abertawe
,,	22	Cross Hands
,,	23	Caerfyrddin
,,	24	Aberteifi
,,	26	Aberystwyth
,,	27	Dolgellau
,,	28	Blaenau Ffestiniog
,,	29	Pwllheli

14

RHAGARWEINIAD

Ganed Harold Pinter ym 1930. Bu'n actor am rai blynyddoedd ac ysgrifennodd nifer o ddramâu ar gyfer y radio, y teledu a'r llwyfan. *Y Gofalwr* (*The Caretaker*) oedd y fwyaf llwyddiannus o'i ddramâu llwyfan a'r un a ddaeth a mwyaf o enwogrwydd i'w hawdur. Yn ŵr ifanc deg ar hugain oed yr oedd Pinter yng nghanol yr hanes newydd sydd i ddrama yn ail hanner yr ugeinfed ganrif, a cheir trafodaeth gyflawn ar ei waith yn llyfr pwysig Martin Esslin, *Theatre of the Absurd*.

Pa faint bynnag o goel a roddir ar yr ymadrodd Theatr yr Afreswm, y mae'n amlwg mai'r arfer ydyw cysylltu Pinter gydag Ionesco a Beckett. Hawdd ydyw gosod *Y Gofalwr*, gyda'r crwydryn, y seibiau, yr huotledd achlysurol a natur benagored y digwyddiadau, yn llinach drama fawr Samuel Beckett, *Wrth Aros Godot*. Ac eto y mae *Y Gofalwr* efallai yn wahanol i'r rhelyw o ddramâu a ddosberthir gyda'r Afresymol. Y mae rhai beirniaid yn ystyried ei hawdur yn rhamantydd, ac eraill yn gweld ei "gomedi dywyll" fel rhan o draddodiad ysgrifennu drama ers canrifoedd.

Mewn gwirionedd y mae *Y Gofalwr*, fel pob drama dda, yn gofyn rhywbeth mwy na rheswm gan ei chynulleidfa. Waeth inni heb a disgwyl cael goleuni ar y sut a'r paham yng ngorffennol a dyfodol, nac ychwaith yng ngweithredoedd y tri chymeriad yn eu hamser ar y llwyfan.

Digwydd y cyfan mewn goruwchystafell sy'n llawn o sbwriel. Gwahoddir Davies y crwydryn i aros yno gan Aston, er mai Mic ei frawd piau'r lle. Rhwng y tri, y trempyn oriog, ofnus, ymhongar a'r brawd llwyd a'r brawd gwyn y digwydd y ddrama.

Bu'r byd yn galed wrth Aston. Oni ddyfarnwyd ef yn wallgof? Bu'n garedig wrth Mic. Onid oes ganddo ei fusnes a'i "fan ei hun?" Er hynny y mae'r brodyr yn deall ei gilydd a gwyddom yn iawn cyn y diwedd mai Davies ydyw ein hunig gynrychiolydd ni. Nid bod yma simbolau aruthrol. Gwelir pwced ar y llwyfan ond pwced ydyw, a'i bwrpas yw dal dŵr. Nid y byd, ond Mic sy'n cael sbort am ein pennau trwy gyfrwng y trempyn; nid y saint ond Aston sy'n troi cefn arnom. Mewn gair nid "pethau eraill" sy'n digwydd, eithr pethau tymhorol y ddrama ei hun. Ac yn bennaf, nid yn unig y mae ynddi ddigon o ddigrifwch, ond awdurdod hefyd.

ELIS GWYN JONES

Cyflwynwyd y cynhyrchiad proffesiynol cyntaf o *Y Gofalwr* gan Theatr Genedlaethol Cymru, gan agor yn Theatr Mwldan, Aberteifi, nos Iau, 4ydd Chwefror, 2010.

Actorion
(yn nhrefn eu hymddangosiad ar y llwyfan)

Mic
    Carwyn Jones

Davies
    Llion Williams

Aston
    Rhodri Siôn

Cynhyrchu

Cyfarwyddwr
    Cefin Roberts

Cynllunydd
    Sean Crowley

Cynorthwy-ydd Cynllunio
    Gwyn Eiddior

Cynllunydd Goleuo
    Eleanor Higgins

Cynllunydd Sain
    Dyfan Jones

Rheolwr Cynhyrchu
    Siôn Williams

Rheolwr Cynhyrchu
ac Ail Oleuo ar daith
    John Tee

Rheolwr Llwyfan
    Sasha Dobbs

Diprwy Reolwr Llwyfan
    Huw Owain Darch

Is-reolwr Llwyfan/
Gwisgoedd ar daith
    Rhia Whitnell

Meistres y Gwisgoedd
    Edwina Williams-Jones

Technegydd Sain
    Gruffydd Jones

Lluniau: Warren Orchard
(trwy garedigrwydd Theatr Genedlaethol Cymru)

Y Gofalwr

Cymeriadau

Mic: dyn yn ei ugeiniau hwyr

Aston: dyn yn ei dridegau cynnar

Davies: hen ddyn

Mae'r ddrama'n digwydd mewn tŷ yng ngorllewin Llundain.

Ystafell. Ffenestr yn y wal gefn, a sach dros ei hanner isaf. Gwely haearn gyda'r pared chwith. Uwchben iddo, cwpwrdd bach, pwcedi paent, blychau yn cynnwys sgriwiau, hoelion ac ati. Mwy o flychau, fasys, wrth ochr y gwely. Drws yng nghefn y llwyfan ar y dde. Ar ochr dde y ffenestr, tomen o bethau: sinc cegin, ysgol blygu, bwced lo, peiriant torri glaswellt, troli siopa, bocsys, droriau seidbord. Gwely haearn o dan y pentwr. Stof nwy o'i flaen. Ar y stof nwy, cerflun o Bwdha. Ym mlaen y llwyfan ar y dde, lle tân. O'i amgylch, dau siwtces, carped wedi ei rowlio, chwythlamp, cadair bren ar ei hochr, bocsys, nifer o ornaments, hors ddillad, rhai planciau byrion, tân trydan bach a thostiwr trydan hen iawn. Islaw, pentwr o hen bapurau newyddion. O dan wely Aston gyda'r pared chwith y mae Electrolux, nas gwelir hyd nes y'i defnyddir. Pwced yn hongian o'r nenfwd.

Act Un

Mic ar ei ben ei hun yn yr ystafell, yn eistedd ar y gwely.
Siaced ledr amdano.

Distawrwydd.

Mae'n edrych yn araf o'i amgylch, gan daflu golwg ar bob
gwrthrych fesul un. Mae'n edrych i fyny ar y nenfwd, a syllu
ar y bwced. Gan beidio, mae'n eistedd yn llonydd hollol, ac
edrych o'i flaen.

Distawrwydd am hanner munud.

Clywir drws yn cau, a lleisiau aneglur.

Mae Mic yn troi ei ben. Mae'n sefyll, symud yn ddistaw tua'r
drws, ac allan gan gau'r drws yn ofalus.

Distawrwydd.

Clywir lleisiau eto, yn agosáu, ac yn tawelu. Agorir y drws.
Mae Aston a Davies yn dod i mewn, Aston yn gyntaf, Davies
yn ei ddilyn, gan gerdded yn drwsgl ac anadlu'n drwm.

Mae Aston yn gwisgo hen got fawr frethyn caerog, siwt ddi-
raen o las tywyll streipiau meinion, â llabeli sengl, pwlofer,
crys a thei ag ôl traul arnynt. Mae Davies yn gwisgo cot
uchaf frown, trowsus bob siâp, gwasgod, fest, dim crys, a
sandalau. Mae Aston yn rhoi'r 'goriad yn ei boced ac yn cau'r
drws. Edrych Davies o'i gwmpas.

Aston: Steddwch.

Davies: (*yn edrych o'i gwmpas*) Y . . .

Aston: Hanner munud.

Chwilia Aston am gadair, gwêl un ar ei hochr wrth ymyl y rholyn carped ger y lle tân, a dechrau ei thynnu oddi yno.

Davies: Ista? Hy . . . ches i ddim ista i lawr . . . ches i ddim ista i lawr yn iawn . . . wel, ers dwn i ddim . . .

Aston: (*yn gosod y gadair*) Dyma chi.

Davies: Deng munud o sbel i ga'l panad yn yr oria mân yn yr hen le 'na, fedrwn i ga'l un man i ista, dim un man. Llond pob man o *Greeks, Poles, Greeks, Blacks*, llond pob man ohonyn nhw, a nhw yr estroniaid oedd yn ca'l y lle ista. A finna'n gweithio iddyn nhw . . . y fi'n gweithio iddyn nhw . . .

Eistedd Aston ar y gwely, estyn dun baco a phapur, a dechrau rholio sigarét. Davies yn edrych arno.

Yr holl *Flacks* . . . *Blacks, Greeks, Poles*, y cwbwl lot, yn cymryd fy lle ista i, yn fy nhrin i fel baw. Pan ddoth hwnna amdana i heno mi ddeudis i wrtho fo.

Saib.

Aston: Steddwch.

Davies: Ia, ond rhaid imi ddŵad ataf fy hun i ddechra. 'Dach
           chi'n gweld? Mi allsan fod wedi fy lladd i yn fanna,
           reit hawdd.

           *Mae Davies yn rhoi ebwch uchel, yn taro at i lawr
           a'i ddwrn wedi ei gau. Mae'n troi ei gefn at Aston,
           a syllu ar y pared.*

           Saib. Mae Aston yn cynnau sigarét.

Aston: Ydach chi am rowlio un o'r rhain?

Davies: (*yn troi ato*) Be? Na, na, fydda i byth yn smocio
           sigaréts.

           Saib. Daw ymlaen.

           Ddeuda i ichi. Mi gyma i gatiad o faco i 'nghetyn, os
           liciwch chi.

Aston: (*yn rhoi'r tun iddo*) Ia. Dyna chi. Cymerwch beth
           allan o hwnna.

Davies: 'Dach chi'n garedig, mistar. Dim ond catiad, dyna i
           gyd.

           Cymer getyn o'i boced a'i lenwi.

           Roedd gin i dun baco . . . dro yn ôl. Ond mi ddaru

rhywun 'i gipio fo ar y Great West Road.

Mae'n dal y tun.

Lle rho i o?

Aston: Mi gymera i o.

Davies: (*yn rhoi'r tun*) Pan ddoth o amdana i heno mi
           ddeudis i wrtho fo. Yn do? Mi glywsoch chi fi'n deud
           wrtho fo, yn do?

Aston: Mi welis i o'n mynd amdanoch chi.

Davies: Mynd amdana i? Tewch â sôn. Yr hen sglyfath iddo
           fo, a finna'n mynd i oed. Dw i wedi byta cinio efo
           pobol fawr.

           Saib.

Aston: Do, mi gwelis i o'n mynd amdanoch chi.

Davies: Byw fel moch ma'r cnafon i gyd, gyfaill. Ella 'mod i
           wedi bod ar y lôn ers rhai blynyddoedd, ond mi
           ellwch fentro 'mod i'n cadw fy hun yn lân. Dw i'n
           edrach ar ôl fy hun. Dyna pam gadewis i 'ngwraig.
           Pythefnos wedi imi 'i phriodi hi, naci, wsnos go lew,
           dyma fi'n codi caead y sosban, a wyddoch chi be
           oedd yni hi? Tocyn o'i dillad isa hi, heb 'u golchi. Y
           sosban datws oedd hi. Y sosban datws. Dyna pryd
           gadewis i hi a welis i byth moni hi wedyn.

23

Mae Davies yn troi, symud yn drwsgl ar draws yr ystafell, a daw wyneb yn wyneb â cherflun y Bwdha yn sefyll ar y stof nwy. Edrych arno, a throi.

Dw i wedi byta 'nghinio oddi ar y platia gora. Ond tydw i ddim cyn fengad ag y buom i. Dw i'n cofio pan o'n i cyn handïad ag unrhyw un ohonyn nhw. Doedd fiw iddyn nhw drio cymryd mantais arna i. Ond tydw i ddim wedi bod rhy dda ers tipyn rŵan. Dw i wedi ca'l amball bwl.

Saib.

(*Gan agosáu.*) Welsoch chi be ddigwyddodd efo hwnnw?

Aston: Dim ond diwadd yr helynt welis i.

Davies: Dŵad ata i ddaru o, plannu pwcedad o 'nialwch o 'mlaen i, a 'ngordro fi i'w gwagio hi'n y cefn. Nid fy job i ydi gwagio'r bwcad! Mae 'na hogyn yno i fynd â'r bwcad allan. To'n i ddim yn ca'l fy nhalu am wagio pwcedi. Sgubo'r llawr ydi fy job i, clirio'r byrdda, golchi llestri weithia, un dim i wneud efo gwagio pwcedi!

Aston: Ia.

Croesa i'r dde i nôl y tostiwr trydan.

Davies: (*yn dilyn*) Ia, wel, deudwch fod wnelo fi rwbath! Deudwch fod wnelo fi! Hyd yn oed os oeddwn i i fod i fynd â'r bwcad allan, pa hawl oedd gin y sglyfath i roi ordors i mi? Dw i cystal ag o. Nid y fo ydi'r bòs. Tydi o ddim gwell na fi.

Aston: Be oedd o, Groegwr?

Davies: Naci. *Scotchman*. *Scotchman* oedd o.

Mae Aston yn mynd yn ôl at ei wely gyda'r tostiwr a dechrau dadsgriwio'r plwg. Mae Davies yn ei ddilyn.

Mi gwelsoch chi o, yn do?

Aston: Do.

Davies: Ddeudis i wrtho fo be i wneud efo'i bwcad. Yn do? Glywsoch chi fi. Yli, meddwn i, hen ddyn ydw i; lle ces i fy magu roeddan ni'n gwybod sut i siarad yn barchus efo hen bobol, roeddan ni wedi ca'l yn dysgu'n iawn. Taswn i dipyn fengach, mi . . . mi dorrwn i di'n ddau. Ar ôl imi gael yr hỳs gin y mistar yr oedd hyn. Cadw gormod o dwrw medda fo. Fi yn cadw twrw! Yli, medda fi wrtho fo, mae gin i fy hawlia. Dyna ddeudis i wrtho fo. Ella 'mod i wedi bod ar y lôn ond mae gin i gystal hawl â neb. Well inni gael tipyn o chwara teg, meddwn i. Rhoid yr hỳs ddaru o i mi beth bynnag.

Mae'n eistedd yn y gadair.

Lle felly sy yno.

Saib.

Tasach chi heb ddŵad i stopio'r cythral *Scotchman* 'na mi faswn i yn yr hospitol rŵan. Mi fasa 'mhen i'n dipia ar y pafin tasa fo wedi landio un imi. Mi ca i o ryw noson. Pan ddigwydda i fod fforna eto.

Croesa Aston at y bocs plygiau, yn y blaen dde, i chwilio am blwg arall.

Fasa dim cymint o ots gin i ond 'mod i wedi gadael y cwbwl yn yr hen le, yn y rŵm gefn. Pob un dim oedd gin i ar fy elw, mewn bag yno. Dyna fi rŵan, wedi gada'l pob diawl o bob dim o 'mhetha i yn y fanno. Yn y brys. Dw i'n siŵr 'i fod o'n busnesu efo nhw rŵan.

Aston: Mi bicia i lawr ryw dro i'w nôl nhw ichi.

Aston yn croesi yn ôl at ei wely a dechrau rhoi'r plwg ar y tostiwr.

Davies: P'run bynnag, dw i'n ddiolchgar ichi am adael imi . . . am adael imi gael sbel fach, fel petae . . . am funud.

Mae'n edrych o'i gwmpas.

Eich stafall chi ydi hon?

Aston: Ia.

Davies: Gynnoch chi dipyn o stwff yma.

Aston: Oes.

Davies: Siŵr o fod werth ceiniog go lew . . . i gyd efo'i gilydd.

           Saib.

           Mae digon ohono fo.

Aston: Oes, mae 'ma dipyn go lew.

Davies: Ydach chi'n cysgu yma?

Aston: Ydw.

Davies: Be, yn hwnna?

Aston: Ia.

Davies: Ia, wel, mi allwch 'sgoi'r drafft yn fanna.

Aston: Does 'na ddim llawar o wynt.

Davies: Well ichi heb hwnnw. Mae hi'n waeth pan 'dach chi'n cysgu allan.

Aston: Mi fasa.

Davies: Dim byd ond gwynt.

           Saib.

Aston: Ia, pan gwyd y gwynt . . .

           Saib.

Davies: Ia . . .

Aston: Mmnn . . .

           Saib.

Davies: Mae hi'n goblyn o ddrafftiog.

Aston: Ah.

Davies: Mi ddyfyd arna i ar un waith.

Aston: Wneith o?

Davies: Bob amser.

           Saib.

           'Sgynnoch chi chwanag o le, ta?

Aston: Yn lle?

Davies: Wel, ar hyd y landing 'ma . . . i fyny'r landing 'na.

Aston: Tydyn nhw ddim at iws.

Davies: Tewch.

Aston: Lot o waith arnyn nhw.

Saib byr.

Davies: Be am i lawr grisia?

Aston: Wedi cau fanno. Gwaith arno fo . . . Y lloria . . .

Saib.

Davies: Lwc ichi ddŵad i'r caffi 'na. Mi allsa'r *Scotchman* fod wedi fy lladd i. Ges i fy ngadael yn hannar marw fwy nag unwaith.

Saib.

Mae 'na rywun yn byw drws nesa yn toes?

Aston: Be?

Davies: (*gydag ystum*) Sylwi 'nes i . . .

Aston: Oes. Mae 'na bobol yn byw ar hyd y ffordd 'ma i gyd.

Davies: Do, mi sylwis i fod y cyrtans wedi'u tynnu drws nesa pan ddaethon ni.

Aston: Cymdogion ydyn nhw.

           Saib.

Davies: Chi pia'r tŷ yma, felly?

           Saib.

Aston: Fi sy'n gyfrifol.

Davies: Chi ydi'r perchennog, felly?

           (*Mae'n rhoi'r bibell yn ei geg, a thynnu arni heb ei thanio.*)

           Do, mi sylwis i fod y cyrtans trwm 'na dros y ffenast drws nesa pan ddaethon ni. Sylwis i ar y cyrtans mawr trwm 'na, reit dros y ffenast i lawr yn fanna. O'n i'n meddwl bod rhywun yn byw yna.

Aston: Teulu o *Indians* sy'n byw yna.

Davies: *Blacks*?

Aston: Fydda i'n gweld fawr arnyn nhw.

Davies: *Blacks*, ia.

Mae Davies yn sefyll a symud o gwmpas.

Wel, dw i'n dal i ddeud, mae gynnoch chi dipyn o nic-nacs yma. Dda gin i ddim lle gwag.

Mae Aston yn mynd at Davies yng nghefn canol y llwyfan.

Deudwch imi, gyfaill, oes gynnoch chi ddim hen bâr o sgidia?

Aston: Sgidia?

Mae Aston yn symud i lawr i'r dde.

Davies: Y diawlad yn yr hen fynachdy 'na wedi 'ngneud i eto.

Aston: (*yn symud at ei wely*) Yn lle?

Davies: Yn Luton. Mynachdy i lawr yn Luton . . . Mae gin i fêt yn Shepherd's Bush, 'dach chi'n gweld . . .

Aston: (*yn edrych o dan ei wely*) Ella bod gin i bâr.

Davies: Mae gin i'r mêt 'ma yn Shepherd's Bush. Yn y lle dynion. Wel, yn y lle dynion y bydda fo. Y lle dynion gora oedd gynnyn nhw.

Mae'n gwylio Aston.

Aston: Gyda'r gora. Saff o glap o sebon gynno fo, bob tro yr awn i yno. Welsach chi byth mona i heb damad o sebon pan fyddwn i'n digwydd bod yng nghyffinia Shepherd's Bush.

Aston: (*yn estyn esgidiau o dan y gwely*) Pâr o rai brown.

Davies: Mae onta wedi mynd. Mynd ddaru o. Fo ddeudodd wrtha i am y mynachdy 'na. Rochor bella i Luton. Roedd o wedi dallt y byddan nhw'n rhannu sgidia.

Aston: Fedrwch chi ddim gwneud heb bâr o sgidia iawn.

Davies: Sgidia? Ma' f'einioes i'n dibynnu arnyn nhw. Mi es i bob cam i Luton yn rhein.

Aston: Be ddigwyddodd wedi ichi gyrra'dd?

           Saib.

Davies: O'n i'n nabod crydd yn Acton ers talwm. Oedd o'n fêt iawn i mi.

           Saib.

           Wyddoch chi be ddeudodd y mynach diawl wrtha i?

           Saib.

           Faint eto o'r *Blacks* sy gynnoch chi o gwmpas, ta?

Aston: Be?

Davies: 'Sgynnoch chi chwanag o *Flacks* o gwmpas?

Aston: (*yn cynnig yr esgidiau*) Triwch rhein.

Davies: Wyddoch chi be ddeudodd y mynach diawl wrtha i?

          Mae'n syllu ar yr esgidiau.

          Rhy fach fasa rheina, 'choelia i byth.

Aston: Tybad?

Davies: Na, dydyn nhw mo'r seis iawn.

Aston: Mewn cyflwr go lew.

Davies: Fedra i ddim gwisgo sgidia sy ddim yn ffitio. Dim
          byd gwaeth. Dyma fi'n deud wrth yr hen fynach 'na,
          drychwch yma mistar, meddwn i, a fonta'n agor y
          drws, drws mawr, sbiwch mistar, meddwn i, dw i
          wedi dŵad yr holl ffordd i fanma, meddwn i, a
          dangos rhein iddo fo, a medda fi, 'sgynnoch chi
          ddim pâr o sgidia, medda fi, pâr o sgidia, digon i
          'nghynnal i ar y daith. Sbiwch ar rhein, meddwn i,
          jest â 'ngadael i, tydyn nhw'n da i ddim i mi. Wedi
          clywad bod gynnoch chi stoc o sgidia yma. *Piss off*,
          medda fo wrtha i. Yli, mab, medda fi, dw i'n hen
          ddyn, a chei di ddim siarad felna efo mi, waeth gin
          i pwy wyt ti. *Piss off*, medda fo wrtha i, neu mi cicia
          i di bob cam i'r lôn. Hei, meddwn i, aros di funud
          bach, y cwbwl dw i'n gofyn amdano ydi pâr o sgidia,

a pheidiwch â dechra cymryd mantais arna i, mae hi wedi cymryd tridia imi gerddad yma, meddwn i, tridia heb damad o fwyd, dw i'n haeddu tamad o fwyd yn tydw? Dos rownd y gornol i'r gegin, medda fo, dos rownd y gornol, a phan ti 'di ca'l dy bryd, *piss off* o'ma. Es i rownd y gornol i'r gegin 'ma, 'dach chi'n gweld? Pryd o fwyd, wir! Deryn, deryn bach, rhyw damad bach o dderyn, mi allsa fo'i lyncu mewn llai na munud. Reit, meddan nhw wrtha i, dyna chdi wedi cael dy bryd, gleua hi. Pryd? medda fi, be 'dach chi'n feddwl ydw i, ci? Dim byd gwell na ci. Be 'dach chi'n feddwl ydw i, anifail gwyllt? Beth am y sgidia 'na y clywis i roeddach chi'n eu rhannu, a finna'n dŵad yr holl ffordd i nhôl nhw? Jest na riportiwn i chi i'r *mother superior*. A dyma un ohonyn nhw, rhyw labwst o Wyddel, amdana i. Mi gleuis i hi. Mi gymris *short cut* i Watford a chael pâr yn fanno. Ar y North Circular, wedi pasio Hendon, dyma'r wadan i ffwrdd, a finna ar y lôn felly. Lwcus bod yr hen bâr gin i, neu mi fasa ar ben arna i. Dw i wedi gorfod sticio at y rhein, 'dach chi'n gweld, a dydyn nhw'n da i ddim, ma' nhw wedi darfod, yn da i ddim byd.

Aston: Triwch rhein.

Cymer Davies yr esgidiau, tynnu ei sandalau, a'u trio.

Davies: Eitha pâr o sgidia.

Mae'n cerdded yn droetrwm o amgylch yr ystafell.

Maen nhw'n gryfion, beth bynnag. Ydyn. Eitha siâp esgid. Hwn yn lledar da, yn tydi? Lledar da iawn. Mi driodd rwbath werthu pâr swêd imi'r diwrnod o'r blaen. Wisgwn i monyn nhw. Fedrwch chi ddim curo lledar, am wisgo. Ydi. Ma' hon yn esgid dda.

Aston: Da iawn.

Mae Davies yn ysgwyd ei draed.

Davies: Dyn nhw ddim yn ffitio chwaith.

Aston: O?

Davies: Nag ydyn. Troed llydan iawn sy gin i.

Aston: Mmnn.

Davies: Rhy gul ydi rhein, sbiwch.

Aston: Ah.

Davies: Mi fasan yn fy nghruplo i mewn wsnos. Hynny ydi, tydi'r pâr sy gin i fawr o betha, ond ma' nhw'n braf. Fawr o betha, ond dyn nhw ddim yn brifo.

Mae'n tynnu'r esgidiau a'u dychwelyd.

Diolch i chi 'run fath, mistar.

Aston: Ga i weld be fedra i gael ichi.

Davies: Hai lwc. Ddaw dim ohoni fel hyn. Fedra i ddim symud o'r naill le i'r llall. Rhaid imi symud, 'dach chi'n gweld, i gael gafael ar rwbath.

Aston: I ble'r ewch chi?

Davies: O, mae gin i le ne' ddau mewn golwg. Pan wellith y tywydd.

          Saib.

Aston: (*yn rhoi sylw i'r tostiwr*) Fasa . . . fasach chi'n licio cysgu yma?

Davies: Yn fanma?

Aston: Gewch chi gysgu yma os liciwch chi.

Davies: Yn fanma? O, dwn i ddim am hynny.

          Saib.

          Am ba hyd?

Aston: Hyd . . . nes cewch chi afael ar rwbath.

Davies: (*yn eistedd*) Ia, wel, mi fasa . . .

Aston: Ichi gael trefn ar eich petha . . .

Davies: O, mi ga i afael ar rwbath . . . reit handi rŵan . . .

Saib.

Lle baswn i'n cysgu?

Aston: Yma. Fasa'r stafelloedd eraill . . . yn da i ddim ichi.

Davies: (*yn codi, ac edrych o'i gwmpas*) Yma? Yn lle?

Aston: (*yn codi, a phwyntio at ochr dde y cefn*) Ma' 'na wely tu nôl i rhein.

Davies: O, mi wela i. Handi iawn. Wel, mi fasa . . . ddeuda i ichi be, ella gwna i . . . dim ond nes ca i drefn ar fy mhetha. Mae gynnoch chi ddigon o ddodran yma.

Aston: Eu cael nhw yma ac acw. Cadw nhw yma am rŵan. Meddwl ella byddan nhw'n handi.

Davies: Ydi'r stof yma'n gweithio?

Aston: Nac 'di.

Davies: Sut byddwch chi'n g'neud am banad?

Aston: Fydda i ddim.

Davies: Ma' hynny braidd yn gas.

Gwêl Davies y planciau.

Ydach chi'n bildio rwbath?

Aston: Ella coda i gwt yn y cefn.

Davies: Saer coed?

           Mae'n troi at y peiriant torri glaswellt.

           'Sgynnoch chi wellt glas?

Aston: Sbïwch.

           Mae Aston yn codi'r sach sydd ar y ffenestr. Edrychant allan.

Davies: Braidd yn drwchus.

Aston: Wedi gor-dyfu.

Davies: Bedi hwnna? Llyn?

Aston: Ia.

Davies: Be 'sgynnoch chi, pysgod?

Aston: Na, do's 'na ddim byd yno fo.

           Saib.

Davies: Lle rydach chi am roi'ch cwt?

Aston: (*yn troi*) Rhaid imi glirio'r ardd gynta.

Davies: Mi fydd gofyn ichi gael tractor.

Aston: Mi gwna i o.

Davies: Saer coed?

Aston: (*sefyll yn llonydd*) Fydda i'n licio gweithio . . . efo
           'nwylo.

           Mae Davies yn codi'r cerflun Bwdha.

Davies: Bedi hwn?

Aston: (*yn ei gymryd a'i astudio*) Bwdha.

Davies: Tewch.

Aston: Ia. Dw i'n licio fo braidd. Mewn . . . siop y ces i o.
           Meddwl ei fod o'n edrach reit neis. Dwn i ddim pam.
           Be 'dach chi'n feddwl o'r Bwdhas 'ma?

Davies: O, ma' . . . ma' nhw'n olreit, yn tydyn?

Aston: Ydyn, ro'n i'n falch pan ges i afael ar hwn. Gwaith
           da iawn arno.

           Mae Davies yn troi a syllu o dan y sinc.

Davies: Hwn ydi'r gwely?

Aston: (*yn mynd at y gwely*) Mi gawn ni warad o hynna i gyd. Mi eith y *steps* dan y gwely.

Gwthiant yr ysgol blygu o dan y gwely.

Davies: (*yn cyfeirio at y sinc*) Be am hon?

Aston: Dw i'n meddwl yr eith hon yna hefyd.

Davies: Mi helpa i chi.

Codant y sinc.

Davies: Mae hi fel tunnall, yn tydi?

Aston: Dan fanma.

Davies: Ydi hon at iws ta?

Aston: Nag'di. Mi fydda i'n ca'l gwarad arni. Dowch.

Gosodant y sinc o dan y gwely.

Ma' 'na lafytri i lawr y landing. Ma' 'na sinc yn fanno. Rown ni'r rhein yn fancw.

Dechreuant symud y bwced lo, y troli, y peiriant torri glaswellt a'r droriau at y pared arall.

Davies: (*yn aros*) Ydach chi ddim yn ei rannu o, ydach chi?

Aston: Be?

Davies: Ydach chi ddim yn rhannu'r tŷ bach efo'r *Blacks* 'na, ydach chi?

Aston: Byw drws nesa maen nhw.

Davies: Fyddan nhw ddim yn dŵad i mewn?

          Mae Aston yn gosod drôr yn erbyn y pared.

          Achos . . . 'dach chi'n gweld . . . chwara teg . . .

          Aston yn mynd at y gwely, ysgwyd blanced a chwythu'r llwch.

Aston: Welwch chi fag glas?

Davies: Bag glas? Fanma. Sbïwch. Wrth y carpad.

          Aston yn mynd at y bag, ei agor, cymer allan gynfas a gobennydd, a'u rhoi ar y gwely.

          Dyna gynfas neis.

Aston: Mi fydd 'na dipyn o lwch ar y blanced.

Davies: Peidiwch â phoeni am hynny.

          Saif Aston yn syth, estyn ei faco, a dechrau rhowlio sigarét. Â at ei wely ac eistedd arno.

Aston: Sut mae hi arnoch chi am bres?

Davies: O, wel . . . mistar, braidd yn brin ydw i . . . a deud y
            gwir.

            *Mae Aston yn tynnu darnau arian o'i boced, ac
            wedi dewis mae'n cynnig dau hanner coron.*

Aston: Dyma ichi swllt neu ddau.

Davies: (*yn derbyn yr arian*) Diolch yn fawr, diolch yn fawr,
            lwc dda ichi. Dim ond 'mod i braidd yn brin. Ches i
            ddim dima rwsnos dwaetha am wsnos gyfa o waith.
            Felna mae hi.

            Saib.

Aston: Mi es i dŷ tafarn y diwrnod o'r blaen a gofyn am
            Guinness. Mi roethon o imi mewn mẁg tew. Mi
            steddis i lawr ond fedrwn i mo'i yfed o. Dda gin i ddim
            Guinness mewn cwpan. Mewn gwydyr tena y bydda
            i'n 'i licio fo. Mi profis i o ond fedrwn i mo'i orffan o.

            *Cydia Aston mewn tyrnsgriw a phlwg oddi ar y
            gwely a dechrau trin y plwg.*

Davies: (*gyda mynegiant cryf*) Tasa'r tywydd 'ma'n troi! Mi
            fedrwn i fynd i Sidcup wedyn!

Aston: Sidcup?

Davies: Mae hi'n dywydd mor ddiawledig, sut yr a' i byth i
            Sidcup yn rhein?

Aston: Be wnewch chi yn Sidcup?

Davies: Yno mae 'mhapura i!

           Saib.

Aston: Be?

Davies: Yno mae 'mhapura i!

           Saib.

Aston: Be maen nhw'n da yn Sidcup?

Davies: Dyn dw i'n nabod sy'n edrach ar eu hola nhw.
           Gadewais i nhw iddo fo. 'Dach chi'n gweld? Maen
           nhw'n profi pwy ydw i! Fedra i ddim symud heb y
           papura 'na. Nhw sy'n deud pwy ydw i. 'Dach chi'n
           gweld! Fedra i ddim symud hebddyn nhw.

Aston: Sut felly?

Davies: Fel hyn y mae hi, 'dach chi'n gweld, dw i wedi newid
           fy enw! Ers blynyddoedd. Wedi bod yn mynd o
           gwmpas dan enw arall! Nid hwnnw ydi fy enw iawn i.

Aston: Dan ba enw roeddach chi felly?

Davies: Jenkins. Bernard Jenkins. Dyna f'enw i. Dyna sut
           nabodir fi beth bynnag. Ond waeth imi heb na mynd
           ymlaen efo'r enw hwnnw. Toes gin i ddim hawl. Mae

43

gin i gardyn siwrans fanma.

Mae'n tynnu cerdyn o'i boced.

Davies: Dan enw Jenkins. Welwch chi? Bernard Jenkins. Sbïwch. Pedwar stamp arno fo. Pedwar. Ond fiw imi symud efo'r rhein. Nid fy enw i ydi hwnna, ac yn jêl baswn i tasan nhw'n ffendio. Pedwar stamp. Nid ceinioga dw i wedi'u talu allan, ond punnoedd. Ia, punnoedd, nid ceinioga. Roedd 'na ddigon o stampia erill i fod, ond bod y coblynnod heb eu rhoi nhw ar 'y ngherdyn i. Ches i 'rioed amsar i chwilio i mewn i'r peth.

Aston: Mi ddylsan nhw fod wedi stampio'ch cardyn chi.

Davies: Thala hynny ddim! Chawn i ddim byd p'run bynnag. Nid hwnna ydi f'enw iawn i. Yn jêl bydda i efo'r cardyn yna.

Aston: Be ydi'ch enw iawn chi, ta?

Davies: Davies. Mac Davies. Roedd hynny cyn imi newid f'enw.

Saib.

Aston: Rydach chi isio setlo'r busnes yn iawn.

Davies: Taswn i'n medru mynd i Sidcup! Wedi bod yn gweitiad iddi droi tywydd rydw i. Gin y dyn yno mae

44

'mhapura i. Ma'r cwbwl i lawr yn fanno. Mi fedrwn
i brofi bob dim.

Aston: Ers faint ma' nhw gynno fo?

Davies: Be?

Aston: Ers faint ma' nhw gynno fo?

Davies: O, ma' raid bod . . . amsar rhyfal oedd hi . . . ers tua
           . . . pymthang mlynadd ma' siŵr.

           *Mae Davies yn cofio'n sydyn am y bwced, ac yn
           edrych i fyny.*

Aston: Rhyw dro y byddwch chi isio . . . mynd i'ch gwely,
           cerwch iddo fo. Peidiwch â chym'yd dim sylw ohona i.

Davies: (*yn diosg ei got uchaf*) Ia, wel, dyna wna i, am wn i.
           Dw i wedi . . . wedi blino braidd.

           Tyn ei drowsus a'i ddal o'i flaen.

           Ro i hwn yn fanma?

Aston: Ia.

           *Mae Davies yn rhoi ei got a'i drowsus ar yr hors
           ddillad.*

Davies: Dw i'n gweld bod gynnoch chi bwcad yn fanna.

Aston: Gollwng.

Davies yn edrych i fyny.

Davies: Wel, mi dria i'ch gwely chi, ta. Ydach chi am fynd i
           gadw?

Aston: Dw i'n trwsio'r plwg 'ma.

Mae Davies yn edrych arno ac yna ar y stof nwy.

Davies: Fedrwch chi . . . ddim symud hon, debyg?

Aston: Braidd yn drwm.

Davies: Ydi.

*Mae Davies yn mynd i'r gwely. Mae'n mesur ei hyd
a'i bwysau.*

Go lew. Go lew. Eitha gwely. Credu cysga i yn hwn.

Aston: Rhaid imi roi *shade* arall ar hwnna. Ma'r gola braidd
           yn gry'.

Davies: Hitiwch befo hwnna, mistar, hitiwch befo hwnna.

Mae'n troi ac yn tynnu'r dillad drosto.

Mae Aston yn trin y plwg.

Y golau yn graddol ddiffodd. Tywyllwch.

Golau yn ôl. Bore.

Mae Aston yn cau ei drowsus, yn sefyll wrth y gwely. Taclusa'r gwely. Mae'n troi, mynd i ganol yr ystafell, ac edrych ar Davies. Mae'n troi, yn gwisgo'i siaced, yn troi, mynd at Davies ac edrych i lawr arno.

Pesycha. Mae Davies yn eistedd i fyny'n sydyn.

Davies: Be? Be sy? Be sy?

Aston: Mae'n iawn.

Davies: (*yn rhythu*) Be sy?

Aston: Mae'n iawn.

Edrych Davies o'i gwmpas.

Davies: O, ia.

Â Aston at ei wely, codi'r plwg a'i ysgwyd.

Aston: Ddaru chi gysgu'n iawn?

Davies: Do. Fel pren. Ro'n i wedi ymlâdd.

Croesa Aston i'r dde, codi'r tostiwr a'i archwilio.

Aston: Oeddach chi . . .

Davies: Y?

Aston: Oeddach chi'n breuddwydio ne' rwbath?

Davies: Breuddwydio?

Aston: Ia.

Davies: Fydda i byth yn breuddwydio. Ddaru mi 'rioed
            freuddwydio.

Aston: Na finna chwaith.

Davies: Na finna.

            Saib.

            Pam oeddach chi'n gofyn ta?

Aston: Cadw sŵn yr oeddach chi.

Davies: Pwy?

Aston: Chi.

            *Mae Davies yn codi o'r gwely. Mae trôns hir
            ganddo.*

Davies: Rŵan, hannar munud, hannar munud. Be 'dach

chi'n feddwl? Sut sŵn?

Aston: Griddfan oeddach chi. Parablu.

Davies: Parablu? Fi?

Aston: Ia.

Davies: Fydda i ddim yn parablu, ddyn. Ddeudodd neb hynna wrtha i o'r blaen.

Saib.

Am be baswn i'n parablu?

Aston: Dwn i ddim.

Davies: Pa synnwyr sy'n y peth?

Saib.

Ddeudodd neb hynna wrtha i o'r blaen.

Saib.

'Dach chi'n gwneud camgymeriad, gyfaill.

Aston: (*yn symud at y gwely gyda'r tostiwr*) Nac ydw. Mi ddaru chi 'neffro i. Meddwl gallsach chi fod yn breuddwydio.

Davies: To'n i ddim yn breuddwydio. Ddaru mi ddim, erioed.

Saib.

Aston: Ella mai'r gwely oedd.

Davies: Ma'r gwely'n iawn.

Aston: Dipyn yn ddiarth hwyrach.

Davies: Tydi gwlâu ddim yn betha diarth i mi. Rydw i wedi cysgu mewn gwlâu. Faswn i ddim yn cadw sŵn am 'mod i mewn gwely. Dw i wedi cysgu mewn digon o wlâu.

Saib.

Ddeuda i chi, ella mai'r *Blacks* oedd y drwg.

Aston: Be?

Davies: Y sŵn.

Aston: Pa *Flacks*?

Davies: Rheina sy gynnoch chi. Drws nesa. Ella mai'r *Blacks* 'na oedd yn cadw sŵn, yn dŵad trwy'r walia.

Aston: Hmmnn.

Davies: Dyna 'marn i.

Mae Aston yn gosod y plwg i lawr, a symud at y drws.

Lle 'dach chi'n mynd, ydach chi'n mynd allan?

Aston: Ydw.

Davies: (*yn cydio'n y sandalau*) Gweitiwch am funud ta, jest am funud.

Aston: Be ydach chi'n wneud?

Davies: (*yn gwisgo'r sandalau*) Well imi ddŵad efo chi.

Aston: Pam?

Davies: Well imi ddŵad efo chi p'run bynnag.

Aston: Pam?

Davies: Wel . . . 'dach chi ddim isio imi fynd allan?

Aston: I be?

Davies: Wel . . . pan ewch chi allan. 'Dach chi ddim isio i minna fynd . . . pan fyddwch chi allan?

Aston: Does dim rhaid ichi fynd.

Davies: Be 'dach chi'n feddwl . . . ga i aros yma?

Aston: Fel fynnoch chi. Does dim raid ichi ddŵad am 'y
            mod i'n mynd.

Davies: Dim ots gynnoch chi imi aros yma?

Aston: Mae gin i ddau oriad.

            Mae'n mynd i'w hestyn o flwch yn ymyl ei wely.

            Y drws yma a drws y ffrynt.

            Mae'n estyn y 'goriadau i Davies.

Davies: Diolch yn fawr iawn, lwc dda ichi.

            Saib. Mae Aston yn sefyll.

Aston: Dw i'n meddwl yr â i am dro i lawr y stryd. Mae yna
            li' fach mewn siop . . . *jig saw*. Ro'n i'n licio'i golwg
            hi.

Davies: *Jig saw*, gyfaill?

Aston: Ia. Mi allsa fod reit handi.

Davies: Gallsa.

            Saib byr.

Davies: Bedi hi felly, yn union, felly?

Symud Aston at y ffenestr, ac edrych allan.

Aston: *Jig saw*? Wel, mae hi o'r un teulu â'r *fret saw*. Erfyn, 'dach chi'n gweld. Rhaid ichi gael *portable drill* i'w gweithio nhw.

Davies: Ia siŵr, handi iawn.

Aston: Ydyn, ma' nhw.

Saib.

Wyddoch chi, ro'n i'n ista mewn caffi d'wrnod o'r blaen. Digwydd bod wrth yr un bwrdd â rhyw ddynas. Wel, dyma ni . . . dyma ni'n dechra sgwrsio. Dwn i ddim am be . . . am ei holides, am wn i, a lle roedd hi wedi bod. Roedd hi 'di bod at arfordir y de. Fedra i ddim cofio lle, chwaith.Ta waeth, yno oeddan ni, yn ca'l tipyn o sgwrs . . . a reit sydyn dyma hi'n gafael yn y'n llaw i . . . be am imi gael gwell golwg arnoch chi? medda hi.

Davies: Naci.

Saib.

Aston: Ia. Dweud peth felna, ar ganol sgwrs. Trawodd fi'n od braidd.

Davies: Ma' nhw wedi deud yr un peth wrtha inna.

Aston: Ydyn nhw?

Davies: Merched? Lawar gwaith ma' nhw wedi dŵad ata i a
gofyn yr un peth, fwy neu lai.

Saib.

Aston: Be ddeudsoch chi oedd eich enw chi?

Davies: Dan yr enw Bernard Jenkins yr ydw i rŵan.

Aston: Na, eich enw arall?

Davies: Davies. Mac Davies.

Aston: Cymro 'dach chi, ia?

Davies: Y?

Aston: O Gymru?

Saib.

Davies: Wel . . . rydw i wedi trafaelio tipyn . . . 'dach chi'n
dallt . . . wedi bod o gwmpas . . .

Aston: Lle cawsoch chi'ch geni, ta?

Davies: (*yn amheus*) Be 'dach chi'n feddwl?

Aston: Lle cawsoch chi'ch geni?

Davies: Yn . . . O, mae hi'n anodd cofio . . . ydach chi'n dallt . . . tipyn o amsar ers hynny . . . braidd wedi colli cownt . . .

Aston: (*yn symud islaw'r lle tân*) Ylwch y plwg yma, Trowch hwn ymlaen, os liciwch chi. Y tân bach yma.

Davies: Reit, mistar.

Aston: Rhoi'r plwg i mewn yma.

Davies: Reit, mistar.

Mae Aston yn symud tua'r drws.

(*yn bryderus*) Be dw i fod i wneud?

Aston: Dim ond pwyso'r swits. Mi ddaw'r gwres.

Davies: Na, waeth imi heb na chyboli.

Aston: Tydi o ddim trafferth.

Davies: Na, tydw i fawr o giamblar efo petha felna.

Aston: Mi ddyla weithio. (*Gan droi.*) Reit.

Davies: Y, mynd i ofyn ichi ro'n i, mistar, beth am y stof 'ma? Hynny ydi, oes dim peryg iddi ollwng . . . be 'dach chi'n ddeud?

Aston: Heb ei chonectio.

Davies: 'Dach chi'n gweld, y drwg ydi, mae hi reit wrth ymyl
           'y ngwely fi, 'dach chi'n gweld? Be taswn i'n digwydd
           taro un o'r tapia efo 'mhenelin wrth godi, ydach
           chi'n fy nallt i?

           *Mae'n mynd o amgylch at ochr arall y stof, a'i
           harchwilio.*

Aston: Does yna ddim byd ichi boeni amdano.

Davies: Rŵan, gwrandwch, peidiwch chi â phoeni dim. Wn
           i be wna i, mi gadwa i lygad ar y tapia 'ma bob hyn
           a hyn. I ofalu bod nhw'n gaead. Gadwch y cwbwl i
           mi.

Aston: Tydw i ddim yn meddwl . . .

Davies: (*yn dod rownd*) Y, mistar, un peth bach . . . y . . .
           fasach chi ddim yn medru rhoi swllt ne' ddau imi,
           am banad o de, wyddoch chi?

Aston: Mi rois i rai syllta ichi neithiwr.

Davies: Wel do siŵr, do siŵr. Anghofio wnes i. Anghofio'n
           lân. Do siŵr. Diolch ichi, mistar. Gwrandwch, ydach
           chi'n siŵr rŵan, ydach chi'n siŵr nad oes dim ots
           gynnoch chi imi aros yma? Cofiwch, nid un i gymryd
           mantais ydw i.

Aston: Na, mae popeth yn iawn.

Davies: Ella yr a' i i Wembley yn nes ymlaen.

Aston: Y-y.

Davies: Mae 'na gaffi yno, 'dach chi'n gweld, a mi allswn gael
gafal ar rwbath. Dw i wedi bod yno, 'dach chi'n
gweld, a mi wn i 'i bod hi'n fain arnyn nhw am staff.

Aston: Pa bryd oedd hynny?

Davies: Y? O, wel, ro'dd hynny . . . tua . . . tua . . . ers tipyn
go lew bellach. Ond y drwg ydi, methu ca'l y bobol
iawn ma' nhw i'r llefydd 'ma. Trio cael gwared â'r
fforinars maen nhw 'dach chi'n gweld, yn y busnes
caffis. Ma' nhw isio Sais i dywallt 'u te, dyna be ma'
nhw isio, dyna be ma' nhw'n awchu amdano.
Synnwyr cyffredin ydi hynny, te? O, ma' hynna i gyd
ar y gweill gen i . . . dyna . . . y . . . dyna . . . be fydda
i'n 'i 'neud.

Saib.

Taswn i ddim ond yn medru mynd yno.

Aston: Mmnn.

Mae Aston yn symud tua'r drws.

Wel, mi gwela i chi felly.

Davies: Ia. Reit.

Mae Aston yn mynd allan, gan gau'r drws.

Mae Davies yn sefyll yn ei unfan. Mae'n aros am rai eiliadau, â at y drws, ei agor, edrych allan, ei gau, sefyll a'i gefn ato, troi'n gyflym, agor y drws, edrych allan, dod yn ôl, cau'r drws, dod o hyd i'r allweddi yn ei boced, rhoi cynnig ar un, rhoi cynnig ar y llall, cloi'r drws. Mae'n edrych o amgylch yr ystafell. Yna symud at wely Aston, plygu a thynnu allan y pâr o esgidiau a'u harchwilio.

Eitha pâr o sgidia. Braidd yn gul.

Mae'n rhoi'r esgidiau yn ôl o dan y gwely. Edrych ar y pethau wrth wely Aston. Mae'n codi fâs ac edrych i mewn iddi, yna mae'n codi blwch a'i ysgwyd.

Sgriws!

Gwêl bwcedi paent wrth ben y gwely. Mae'n mynd atyn nhw ac yn eu harchwilio.

Paent. Be mae o am beintio?

Mae'n rhoi'r bwced i lawr, daw i ganol y llwyfan, edrych i fyny ar y bwced, gan wneud ystumiau.

Rhaid imi ga'l dallt be 'di honna.

Mae'n croesi i'r dde, a chydio mewn chwythlamp.

Ma' gynno fo stwff gynddeiriog yma.

Mae'n codi'r Bwdha ac edrych arno.

Llawn o stwff. Sbïwch.

Mae'n sylwi ar y pentyrau papurau.

Pam ma'r holl bapura 'ma gynno fo? Cythral o docyn.

Mae'n symud at bentwr a'i gyffwrdd. Sigla'r pentwr a'i ddal.

Howld, howld!

Deil y pentwr, a gwthio'r papurau i'w lle.

Agorir y drws.

Daw Mic i mewn, rhoi'r allwedd yn ei boced, a chau'r drws yn ddistaw. Mae'n sefyll wrth y drws gan wylio Davies.

Be mae o isio efo'r holl bapura?

Dringa Davies dros y carped at y bag glas.

Roedd gynno fo gynfas a gobennydd yn barod yn hwn.

Mae'n agor y bag.

Dim byd.

Mae'n cau'r bag.

Wel, mi ges gysgu. Wnes i ddim sŵn.

Edrych ar y ffenestri.

Bedi hwn?

*Codi bag arall, a cheisio'i agor. Yn ddistaw, daw
Mic yn nes.*

Wedi'i gloi.

Ei roi i lawr, a symud tua blaen y llwyfan.

Rhaid bod rhwbath ynddo fo.

*Codi un o'r droriau seidbord, chwilio ynddi, a'i rhoi
i lawr.*

Llithra Mic ar draws yr ystafell.

*Davies yn hanner troi, rhuthra Mic a gafael yn ei
fraich, a'i gwthio y tu ôl i'w gefn. Mae Davies yn
sgrechian.*

Davies: Yyyyh! Yyyyh! Be! Be! Be! Yyyyh!

Gwthia Mic ef i lawr yn gyflym. Davies yn ymdrechu, gwneud ystumiau, hanner crio a rhythu.

Mae Mic yn gafael yn ei fraich, yn symud ei law arall at ei wefusau, yna rhoi ei law ar wefusau Davies. Llonydda Davies. Mic yn ei ryddhau. Davies yn gwingo. Mic yn codi bys yn rhybuddiol. Yna eistedd ar ei gwrcwd i wylio Davies. Syllu arno. Mae'n sefyll ac edrych i lawr arno. Mae Davies yn rhwbio'i fraich, gan wylio Mic. Mae Mic yn troi'n araf i edrych ar yr ystafell. Mynd at wely Davies, a thynnu'r dillad oddi arno. Troi, mynd at yr hors ddillad, a chymryd trowsus Davies. Dechreua Davies godi. Pwysa Mic ef i lawr â'i droed, a sefyll uwch ei ben. Yna mae'n tynnu ei droed ymaith. Wedi edrych ar y trowsus, ei daflu yn ôl. Mae Davies yn dal i aros ar ei bedwar ar lawr. Mae Mic yn symud yn araf at gadair, ac eistedd gan syllu ar Davies. Ei wyneb yn ddifynegiant.

Distawrwydd.

Mic: Bedi'r gêm?

Llen

Act Dau

Ychydig eiliadau'n ddiweddarach.

Mic yn eistedd. Davies yn hanner eistedd, hanner cyrcydu ar lawr.

Distawrwydd.

Mic: Wel?

Davies: Dim byd, dim byd. Dim byd.

          Clywir diferyn yn syrthio i'r bwced uwchben. Maen nhw'n edrych i fyny. Mic yn edrych ar Davies.

Mic: Be 'di d'enw di?

Davies: Dwn i ddim pwy ydach chi. Tydw i ddim yn eich nabod chi.

          Saib.

Mic: Y?

Davies: Jenkins.

Mic: Jenkins?

Davies: Ia.

Mic: Jen . . . kins.

         Saib.

         Ddaru chdi gysgu yma neithiwr?

Davies: Do.

Mic: Cysgu'n iawn?

Davies: Do.

Mic: Dw i'n falch iawn. Ma'n bleser mawr gin i'ch
         cyfarfod chi.

         Saib.

         Be ddeudist di oedd dy enw di?

Davies: Jenkins.

Mic: Sut?

Davies: Jenkins!

         Saib.

Mic: Jen . . . kins.

         *Clywir diferyn yn y bwced. Davies yn edrych i
         fyny.*

Rw ti'n f'atgoffa i am frawd i ewyrth imi. Toedd o ddim un munud yn llonydd. Byth heb ei basport. Un garw am y merchaid. Creadur digon tebyg i chdi o ran pryd a gwedd. Tipyn o *athlete*. Yn arbenigo ar y *long jump*. Ro'dd gynno fo arfar o ddangos gwahanol *run-ups* yn y parlwr o gwmpas y Dolig. Ond cnau oedd ei betha fo. Wirion bost am gnau. Doedd 'na ddim digoni arno fo. Cnau daear, cnau Ffrengig, cnau Brazil, cnau mwnci, ond thwtsia fo ddim tamad o gacan ffrwytha dros ei grogi. Ro'dd gynno fo *stopwatch* ryfeddol. Wedi'i chael hi yn Hong Kong. Drannoeth ar ôl cael ei gicio allan o'r *Salvation Army*. Mi fydda'n chwara i'r Beckenham Reserves, rhif pedwar. Ro'dd hynny cyn iddo ga'l ei Fedal Aur. Un ar y naw oedd o. A wyddost ti sut y bydda fo'n cario'i ffidil? Ar ei gefn, fel babi *Red Indian*. Roedd 'na dipyn o'r *Red Indian* yn rhedeg yn 'i waed o. A deud y gwir, dwn i ddim sut yr oedd o'n frawd i f'ewyrth. Ella mai fel arall yr oedd hi – mai f'ewyrth oedd ei frawd o a mai fo oedd f'ewyrth. Ond fyddwn i byth yn 'i alw fo'n ewyrth. Sid fyddwn i'n 'i alw fo. Dyna fydda Mam yn 'i alw fo hefyd. Rhyfadd iawn. Roedd o'r un ffunud â chdi. Mi briododd *Chinaman* a mynd i fyw i Jamaica.

Saib.

Gobeithio ddaru chi gysgu'n braf neithiwr.

Davies: Ylwch! Dwn i ddim pwy ydach chi!

Mic: Ym mha wely buost di'n cysgu?

Davies: Ylwch –

Mic: Y?

Davies: Hwnna.

Mic: Nid nacw?

Davies: Naci.

Mic: Pyrticlar.

          Saib.

          Be wyt ti'n feddwl o'n stafall i?

Davies: Eich stafall chi?

Mic: Ia.

Davies: Nid eich stafall chi ydi hon. Dwn i ddim pwy ydach
          chi. Welis i 'rioed monoch chi o'r blaen.

Mic: Wyddost ti, rwyt ti'n debyg gynddeiriog i ryw
          greadur o'n i'n nabod yn Shoreditch. Naci, yn
          Aldgate oedd o'n byw. Aros efo cefndar imi yn
          Camden Town yr o'n i. Ro'dd y dyn 'ma'n cadw siop
          yn Finsbury Park, wrth ymyl y bysys. Pan ddois i i
          nabod o mi ddalltis mai yn Putney ro'dd o wedi'i

fagu. Doedd hynny'n g'neud dim gwahaniaeth i mi. Dw i'n nabod cryn dipyn o bobol gafodd 'u geni yn Putney. Hyd 'noed os nad oeddan nhw wedi'u geni yn Putney roeddan nhw wedi'u geni yn Fulham. Ond dim ond wedi'i fagu yn Putney roedd hwn, dim wedi'i eni yno. Fel ma'n digwydd, yn y Caledonian Road oedd o 'di'i eni, jest cyn iti gyrradd y Nag's Head. Ro'dd 'i fam o, rhen gryduras, yn dal i fyw yn yr Angel. A'r bysys yn pasio reit wrth y drws. Ro'dd hi'n gallu dal y 38, 581, 30 ne'r 38A, mynd â hi i lawr Essex Road i Dalston Junction mewn chwinciad. Wrth gwrs, os mai'r 30 ddalia hi, mi fasa'n mynd â hi i lawr i St Paul's Church, ond mi lania hi'n Dalston Junction 'run fath yn diwadd. Mi fyddwn i'n arfar gadael fy meic yn 'i gardd gefn hi wrth fynd am 'y ngwaith. Rhyfadd iawn oedd hynny. Ro'dd o 'run ffunud â chdi. Trwyn dipyn mwy, ond ddim llawar ynddi chwaith.

Saib.

Ddaru ti gysgu yma neithiwr?

Davies: Do.

Mic: Cysgu'n iawn?

Davies: Do!

Mic: Fuo raid iti godi'n y nos?

Davies: Naddo!

          Saib.

Mic: Be 'di d'enw di?

Davies: (*yn gwneud osgo i godi*) Ylwch!

Mic: Be?

Davies: Jenkins.

Mic: Jen . . . kins

          *Davies yn dechrau codi'n sydyn. Hyrddir ef yn ôl
          i'w le gan floedd enbyd gan Mic.*

          Bloedd.

          Gysgist ti yma neithiwr?

Davies: Do . . .

Mic: (*yn ei flaen yn gyflym iawn*) Sut cysgaist ti?

Davies: Mi gysgis –

Mic: Cysgu'n iawn?

Davies: Ylwch –

Mic: Pa wely?

Davies: Hwnna –

Mic: Nid nacw?

Davies: Naci!

Mic: Pyrticlar!

          Saib.

          (*Yn dawel.*) Pyrticlar.

          Saib.

          (*Yn glên eto.*) Sut ddaru chi gysgu yn y gwely yna?

Davies: (*yn curo'r llawr*) Iawn!

Mic: Doeddach chi ddim yn anghyffyrddus?

Davies: (*yn griddfan*) Iawn!

          Mic yn sefyll a symud ato.

Mic: Fforinar wyt ti?

Davies: Naci.

Mic: Wedi dy eni a dy fagu ym Mhrydain Fawr?

Davies: Ydw!

Mic: Be ddaru nhw ddysgu iti?

Saib.

Sut roeddat ti'n licio 'ngwely fi?

Saib.

Fy ngwely i ydi hwnna. Tendia ga'l drafft.

Davies: O'r gwely?

Mic: Naci, rŵan, yn dy din.

*Sylla Davies yn ochelgar arno. Mic yn troi draw.
Rhuthra Davies at yr hors ddillad am ei drowsus.
Mic yn troi'n gyflym, a chipio'r trowsus. Davies yn
ymestyn amdano. Mae Mic yn dal ei law allan yn
rhybuddiol.*

Wyt ti'n meddwl aros yma?

Davies: Ty' mi 'nhrowsus ta.

Mic: Wyt ti'n meddwl aros tipyn go lew?

Davies: Dowch imi'n blydi trowsus!

Mic: Pam? I lle'r ei di?

Davies: Dowch â nhw ac mi a' i. Dw i'n mynd i Sidcup.

Mic yn chwifio'r trowsus droeon yn wyneb Davies.

Davies yn cilio.

Saib.

Mic: Wyddost ti, rwyt ti 'run fath yn union â rhywun
            ddaru mi daro arno rywdro . . . jest 'rochor arall i
            by-pass Guildford –

Davies: Mi ddowd â fi yma!

Saib.

Mic: Sut?

Davies: Dŵad â fi yma ddaru o! Dŵad â fi yma!

Mic: Dŵad â chdi yma? Pwy ddoth â chdi yma?

Davies: Y dyn sy'n byw yma . . .

Saib.

Mic: Palu clwydda.

Davies: Dŵad â fi yma neithiwr . . . 'i gwarfod o mewn caffi
            . . . o'n i'n gweithio . . . ges i 'nghardia . . . o'n i'n

gweithio yno . . . ro'dd hi wedi mynd yn ddrwg yno
. . . dŵad â fi yma, yr holl ffor' i fama.

Saib.

Mic: Palu clwydda rwyt ti'n te? Rwyt ti'n siarad efo'r dyn
          pia'r lle 'ma. Fy stafall i ydi hon. Yn fy nhŷ fi rwyt ti.

Davies: Fo pia fo . . . mi welodd o fi . . . roedd o . . .

Mic: (*yn pwyntio at wely Davies*) Fy ngwely i ydi hwnna.

Davies: Beth am hwnna?

Mic: Gwely Mam ydi hwnna.

Davies: Wel toedd hi ddim ynddo fo neithiwr!

Mic: (*yn symud ato*) Yn ara deg, frawd, yn ara deg.
          Cadwa di dy facha oddi ar Mam.

Davies: Nesh i'm . . . Nesh i ddim . . .

Mic: Tendia di fynd yn rhy bell, gyfaill, paid ti â mynd yn
          hy efo Mam. Well iti ddangos dipyn o barch.

Davies: Dw i ddigon parchus, welsoch ni neb mwy parchus . . .

Mic: Wel, rho'r gora i ddeud dy glwydda ta.

Davies: Rŵan gwrandwch, welis i monoch chi 'rioed o'r blaen, naddo?

Mic: Welist ti 'rioed mo Mam o'r blaen chwaith.

Saib.

Dw i'n ama mai hen rôg wyt ti. Dwyt ti'n ddim ond hen ddihiryn.

Davies: Rŵan ylwch –

Mic: Gwranda, was. Gwranda 'ngwas i. Rwyt ti'n drewi.

Davies: 'Sgynnoch chi ddim hawl –

Mic: Yn llenwi'r lle 'ma efo dy ddrewdod. Hen leidar, dyna be wyt ti. Hen sglyfath. Dwyt ti ddim ffit mewn lle neis fel hwn. Anwariad wyt ti. Ia, tawn i'n marw. Pa fusnas sy gin ti i grwydro o gwmpas mewn fflat wag? Mi fedrwn i godi saith bunt yr wythnos am hwn os liciwn i. Ddigon hawdd. Tri chant a hanner y flwyddyn, heb ddim lol. Os ydi rhent felly yn dy lein di, paid â bod ofn cynnig. Dyma ti. Am y dodrefn a'r petha mi gymera i bedwar cant neu'r cynnig agosa. Y dreth – naw deg punt y flwyddyn. Dŵr, gwres, gola, tua hannar cant. Bydd hynny'n costio wyth cant naw deg iti, os wyt ti'n wirioneddol awyddus. Dim ond iti ddeud y gair, a mi ga i dwrna i sgwennu'r contract. Fel arall, ma'r fan gin i y tu allan, ac mi reda i di i'r *police station* mewn pum munud, a dy gael di i mewn am dresbasu, am sefyllian gyda bwriad, am ladrad cefn-dydd-gola, am fachu a dwyn ac am ddrewi. Be wyt ti'n ddeud? Os na liciat ti 'i brynu o ar ei ben. Wrth gwrs, mi ga i 'mrawd i beintio a phapuro iti gynta. Mae gin i frawd sy'n ddecorator dan gamp. Mi gwneith o fo iti. Os oes arnat ti isio mwy o le, mae yna bedair rŵm arall ar y landing. Bathrwm, stafall fyw, stafall wely, cegin a *nursery*. Gei di hon yn stydi. Mae'r brawd y gwnes i ei grybwyll yn barod i ddechra ar y stafelloedd erill rŵan. Beth amdani? Wyth gant am hon neu dair mil am y llawr ucha i gyd. Ar y llaw arall, os basa'n well gin ti drin y mater yn y dull hirdymor, mi wn i am gwmni insiwrans yn West Ham fasa'n delio efo'r cwbwl iti. Dim lol, ffyrm onast, ddilychwin; ugain y cant o lôg, hanner cant y cant i lawr, talu'n ôl, talu i lawr, lwfansau teulu, cynlluniau bonws, rhodd am ymddygiad da, chwe mis o les, ymchwiliad blynyddol i'r dogfennau angenrheidiol, te am ddim, gwerthu cyfranddaliadau, estyn buddiannau, iawndal terfynu, 'swiriant cynhwysfawr rhag Terfysg, Cynnwrf Sifil, Anghydfod Llafur, Storm, Tymestl, Taranfollt, Lladrata Gwartheg, yn amodol ar wiriad a gwiriad dwbl beunyddiol. Wrth gwrs byddai angen i ni gael datganiad wedi'i lofnodi gan dy feddyg dy hun i sicrhau dy fod ti'n ddigon ffit i ysgwyddo'r cyfrifoldeb. Pwy 'di dy fanc di?

Saib.

Pwy 'di dy fanc di?

Y drws yn agor. Daw Aston i mewn. Mic yn troi ac yn gollwng y trowsus. Davies yn ei gymryd a'i roi amdano. Aston yn ciledrych ar y ddau arall, yn mynd at ei wely, rhoi'r bag sy ganddo arno, eistedd, codi'r tostiwr ac ailgydio'n y gwaith. Cilia Davies i'w gornel. Mae Mic yn eistedd mewn cadair.

Distawrwydd.

Clywir diferyn yn y bwced. Mae pawb yn edrych i fyny.

Distawrwydd.

Davies: Hwnna'n dal i ollwng.

Aston: Ydi.

Saib.

O'r to mae o'n dŵad.

Mic: O'r to, ia?

Aston: Ia.

Saib.

Rhaid imi roi tar drosto fo.

Mic: Wyt ti'n mynd i'w dario fo?

Aston: Ydw.

Mic: Be?

Aston: Y cracia.

         Saib.

Mic: Mi fyddi di'n tario dros y cracia yn y to.

Aston: Ia.

         Saib.

Mic: Wyt ti'n meddwl y gneith hynny?

Aston: Mi neith y tro, am dipyn.

Mic: Mm.

         Saib.

Davies: (*yn sydyn*) Be fyddwch chi'n wneud – ?

         Y ddau yn edrych arno.

         Be fyddwch chi'n wneud pan fydd y bwcad yn llawn?

         Saib.

Aston: Ei gwagio hi.

           Saib.

Mic: Ro'n i'n deud wrth fy nghyfaill fan hyn dy fod ti am
           ddechra decoretio'r stafelloedd erill.

Aston: Ydw.

           Saib.

           (*Wrth Davies.*) Dw i wedi cael eich bag chi.

Davies: O.

           Yn mynd ato a'i gymryd.

           O diolch, mistar, diolch. Ei roi o i chi ddaru nhw?

           Mae Davies yn croesi'n ôl gyda'r bag.

           Mae Mic yn codi a'i gipio.

Mic: Bedi hwn?

Davies: Fy mag i ydi hwnna!

Mic: (*yn ei gadw hyd braich*) Dw i wedi gweld hwn o'r
           blaen.

Davies: Fi pia fo!

Mic: (*yn ei osgoi*) Dw i i fod i nabod hwn.

Davies: Be wyt ti'n feddwl?

Mic: Lle cest ti o?

Aston: (*wrthynt, gan godi*) Rhowch gora iddi.

Davies: Fi pia fo.

Mic: Pwy?

Davies: Fi! Deudwch wrtho fo mai fi pia fo!

Mic: Dy fag di ydi hwn?

Davies: Tyrd â fo yma!

Aston: Rho fo iddo fo.

Mic: Be? Rhoi be iddo fo?

Davies: Y blydi bag yna!

Mic: (*yn taro'r bag y tu cefn i'r stof*) Pa fag? (*Wrth
          Davies.*) Pa fag?

Davies: (*yn symud*) Ylwch!

Mic: (*yn ei wynebu*) Lle rwyt ti'n mynd?

Davies: Mynd i nôl . . . fy hen . . .

Mic: Tendia di, was! Ti'n curo ar y drws a neb gartra. Paid
            â'i wthio fo'n rhy galad. Ti'n torri i mewn i dŷ preifat
            a rhoi dy hen facha ar bob dim. Paid ti â bod yn
            hyfach na dy groeso, gyfaill.

            Aston yn codi'r bag.

Davies: Y lleidar diawl . . . yr uffar drwg . . . ty'd â hwnna –

Aston: Dyma chi.

            Mae Aston yn cynnig y bag i Davies.

            Mic yn ei gipio. Aston yn ei gymryd.

            Mic yn ei gipio. Davies yn estyn amdano.

            Aston yn ei gymryd. Mic yn estyn amdano.

            Aston yn ei roi i Davies. Mic yn ei gipio.

            Saib.

            *Aston yn ei gymryd. Davies yn ei gymryd. Mic yn
            ei gymryd. Davies yn estyn amdano. Aston yn ei
            gymryd.*

            Saib.

Aston yn ei roi i Mic. Mic yn ei roi i Davies.

Davies yn ei wasgu ato.

Saib.

Mic yn edrych ar Aston. Davies yn symud ymaith gyda'r bag. Yn ei ollwng.

Saib.

Gwyliant ef. Mae'n codi'r bag. Â at ei wely ac eistedd arno.

Mae Aston yn mynd at ei wely, yn eistedd, a dechrau rholio sigarét.

Mae Mic yn sefyll yn llonydd.

Saib.

Clywir diferyn yn y bwced. Edrychant i fyny.

Saib.

Aston: Sut hwyl gawsoch chi yn Wembley?

Davies: Wel, deis i ddim yno.

         Saib.

Na. Methu mynd ddaru mi.

Mae Mic yn mynd at y drws ac yn mynd allan.

Aston: Anlwcus fûm i efo'r lli' 'na. Erbyn imi gyrra'dd ro'dd
hi 'di mynd.

Saib.

Davies: Pwy oedd hwnna?

Aston: 'Y mrawd.

Davies: O? Un doniol ydi o, te?

Aston: Yh.

Davies: Ia . . . un doniol ar y naw.

Aston: Ydi, mae o reit ddigri'.

Davies: Ydi, felly ro'n i'n gweld.

Saib.

Un doniol ar y naw ydi o, ddigon hawdd gweld.

Aston: Ydi, mae o'n . . . mae o'n gweld yr ochor ddigri'.

Davies: Wel, mae o'n greadur doniol, yn tydi?

Aston: Ydi.

Davies: Ydi, ddigon hawdd gweld.

Saib.

Mi ddeudis i gynta gwelis i o bod gynno fo ei ffordd
ei hun o edrach ar betha.

*Mae Aston yn sefyll, mynd at ddrôr y seidbord ar
y dde, codi'r cerflun Bwdha, a'i roi ar y stof nwy.*

Aston: Rydw i i fod i wneud darn ucha'r tŷ 'ma iddo fo.

Davies: 'Dach chi 'rioed . . . 'dach chi 'rioed yn deud mai fo
pia'r tŷ?

Aston: Ia, dw i i fod i wneud y landing iddo fo. 'I droi o'n
fflat.

Davies: Bedi waith o felly?

Aston: Contractor. Ma' gynno fo'i fan ei hun.

Davies: Dydi o ddim yn byw yma, ydi o?

Aston: Unwaith y gorffenna i'r cwt yna . . . mi fedra i roi
mwy o sylw i'r fflat, 'dach chi'n gweld. Ella medra i
wneud tipyn o betha iddo fo.

Mae'n symud at y ffenestr.

Mi fedra i weithio efo 'nwylo, 'dach chi'n gweld. Dyna un peth fedra i wneud. Wyddwn i ddim 'mod i'n medru. Ond mi fedra i droi fy llaw at bob math o betha rŵan. Gwaith llaw, wyddoch chi. Wedi imi orffan y cwt . . . mi fydd gin i weithdy. Mi fedrwn 'neud tipyn o waith coed . . . rwbath go hawdd i ddechra. Gweithio efo . . . efo coed da.

Saib.

Wrth gwrs, mae 'na lot isio'i wneud yma. Wn i be wna i . . . mi ro i balis i mewn . . . yn un o'r stafelloedd ar y landing. Dw i'n meddwl y bydd hynny'n addas i'r stafall. Wyddoch chi . . . am y sgrîns hynny . . . wyddoch chi . . . Dwyreiniol . . . sy'n rhannu rŵm yn ddwy? Mi fedrwn i wneud hynny ne' godi partisiwn. Mi fedrwn i 'u gwneud nhw, 'dach chi'n gweld, tasa gin i weithdy.

Saib.

Beth bynnag, partisiwn fydd hi.

Saib.

Davies: Ylwch, dw i wedi cysidro. Nid fy mag i ydi hwn.

Aston: O. Naci.

Davies: Naci, nid fy mag i ydi o. Tydi hwn ddim 'run fath â f'un i o gwbwl. Wn i be ddaru nhw. Cadw 'mag i, a rhoi un arall i chi.

Aston: Na . . . fel hyn roedd hi, roedd rhywun wedi cymryd eich bag chi.

Davies: (*yn codi*) Dyna be ddeudis i!

Aston: Ta waeth, mi ges i afael ar hwnna yn rhywle arall. Ma' 'na dipyn . . . o ddillad ynddo fo hefyd. Mi roth y cwbwl reit rad imi.

Davies: (*yn agor y bag*) Oes 'ma sgidia?

Mae Davies yn cymryd dau grys siec lliwgar, un coch ac un gwyrdd, o'r bag. Mae'n eu dal i fyny.

Crysau *check*.

Aston: Ia.

Davies: Ia . . . wel, mi wn i'n iawn am y math yma o grysa. Tydi crysa fel hyn fawr o betha yn y gaea. Na, be liciwn i fasa crys streips, crys iawn a streips at i lawr. Dyna be ydw i isio.

Mae'n tynnu siaced ysmygu felfed goch tywyll o'r bag.

Bedi hon?

Aston: *Smoking jacket.*

Davies: *Smoking jacket?*

Mae'n bodio'r siaced.

Ma' hwn yn damad o frethyn go dda. Mi tria i hi.

Mae'n gwisgo'r siaced.

'Sgynnoch chi ddim *glass* yna, debyg?

Aston: Nagoes mae arna i ofn.

Davies: Wel, mae hi'n ffitio'n o lew. Sut ydach chi'n ei gweld hi?

Aston: Iawn.

Davies: Wel, mi cymera i hi felly.

Mae Aston yn cymryd plwg a'i archwilio.

Na, wna i ddim gwrthod hon.

Saib.

Aston: Mi gaech fod yn . . . *garetaker* yma, os liciach chi.

Davies: Be?

Aston: Mi gaech edrych ar ôl y lle, tasach chi'n licio . . . wyddoch chi, y grisia a'r landing, y *steps* at y drws, cadw llygad ar y lle. Polisho'r clycha.

Davies: Clycha?

Aston: Mi fydda i'n gosod amball un, i lawr wrth y drws
          ffrynt. Rhai pres.

Davies: *Caretaker*, ia?

Aston: Ia.

Davies: Wel, wneis i . . . 'rioed beth felly o'r blaen . . .
          wyddoch chi . . . fuom i 'rioed yn . . . yr hyn dw i'n 'i
          feddwl ydi . . . dw i 'rioed wedi bod yn *garetaker*.

          Saib.

Aston: Sut liciech chi fod yn un?

Davies: Wel, dw i'n meddwl . . . Byddai'n rhaid imi wybod
          . . . wyddoch chi . . . wyddoch chi . . .

Aston: Pa fath o . . .

Davies: Ia . . . Sut fath . . . wyddoch chi . . .

          Saib.

Aston: Wel, be dw i'n feddwl . . .

Davies: Wel, fasa raid imi . . . fasa raid . . .

Aston: Fedrwn i ddeud wrthach chi . . .

Davies: Dyna fo . . . ylwch . . . ydach chi'n 'nallt i?

Aston: Pan fydd hi'n amser . . .

Davies: Dyna be dw i'n drio ddeud, 'dach chi'n gweld . . .

Aston: Mwy ne' lai yn union be . . .

Davies: 'Dach chi'n gweld . . . dyna be dw i'n drio'i ddeud . . .
hynny ydi, sut waith . . .

Saib.

Aston: Wel, petha fel y grisia . . . a'r . . . clycha . . .

Davies: Mi fasa raid cael . . . yn basa . . . fasa raid cael brwsh
llawr . . . yn basa?

Aston: Basa, mi fasa angan ychydig o frwshys erill arnoch
chi.

Davies: Mi fasa raid cael petha . . . 'dach chi'n gweld . . . tipyn
go lew o betha . . .

*Mae Aston yn cymryd cot wen oddi ar fachyn
uwchben y gwely a'i dangos i Davies.*

Aston: Mi gewch wisgo hon, os liciwch chi.

Davies: Wel . . . ia . . . neis iawn . . .

Aston: Mi . . . mi fasa'n eich arbed chi rhag llwch.

Davies: (*yn ei rhoi amdano*) O basa, mi fasa hon yn f'arbad
i rhag llwch yn ôl reit. Arbad yn llwyr. Diolch yn
fawr, mistar.

Aston: Ddeuda i chi be wnawn ni . . . mi fedrwn i roi cloch
i lawr yna, wrth y drws ffrynt, a *"Caretaker"* arni hi.
Mi gaech chitha ateb unrhyw ymholiadau.

Davies: O, dwn i ddim am hynny chwaith.

Aston: Pam?

Davies: Wel, be wyddoch chi pwy allsa ddŵad at y drws,
yntê? Rhaid imi gymryd gofal.

Aston: Pam, oes rhywun ar eich ôl chi?

Davies: Ar f'ôl i? Be tasa'r cythral *Scotchman* yna'n dŵad i
chwilio amdana i, yntê? Dyna fi, yn clywad y gloch,
yn mynd i lawr grisia, yn agor y drws, a pwy sy yno?
Mi alla rhyw ddiawl fod yno, a dyna hi'n ta-ta. Ella
basan nhw yma ar ôl fy ngherdyn i, sbïwch, dyma fi,
dim ond pedwar stamp, dyma fo gin i ylwch, pedwar
stamp sy gin i ar fy elw, a tasan nhw'n canu'r gloch
a *"Caretaker"* arni hi, mi fasan nhw'n mynd â fi i
mewn, dyna be fasan nhw'n 'neud, fasa gin i ddim
gobaith. Wrth gwrs, ma' gin i ddigon o gardia erill,
ond tydyn nhw ddim yn gwbod hynny, a fedra i
ddim deud wrthyn nhw, 'dach chi'n gweld,

oherwydd wedyn mi fasan nhw'n ffeindio 'mod i'n mynd o gwmpas dan enw arall. 'Dach chi'n gweld, yr enw dw i'n 'i ddefnyddio rŵan, ddim hwnnw ydi fy enw iawn i. Tydw i ddim yn iwsio fy enw fy hun, 'dach chi'n gweld. Enw arall ydi o.

Distawrwydd.

Gwanhau'r golau.

Tywyllwch.

Cryfhau'r golau fel bod golau gwan i'w weld drwy'r ffenestr.

Sŵn drws yn cau.

Sŵn 'goriad yn nrws yr ystafell.

Daw Davies i mewn, cau'r drws, trio'r switsh, ymlaen, i ffwrdd, ymlaen, i ffwrdd.

Davies: (*yn mwmial*) Bedi hyn?

Switsio ymlaen ac i ffwrdd.

Be sy ar y cythral gola 'ma?

Switsio ymlaen ac i ffwrdd.

Aah. Ma'r cythral gola wedi mynd.

Saib.

Be wna i? Dim gola. Methu gweld affliw o ddim.

Saib.

Be wna i rŵan?

Mae'n symud, yn baglu.

Be gythral? Tasa gin i ola. Rhowch imi ola. Hannar munud.

Teimlo ei boced am fatsien, tanio matsen, honno'n diffodd. Gollwng y blwch.

Lle mae o?

Yn plygu i lawr.

Lle ma'r blydi bocs?

Mae'r blwch yn cael ei gicio.

Be? Be sy 'na? Pwy sy 'na?

Saib. Symuda.

Lle mae mlwch matsis i? Fanma roedd o. Pwy sy 'ma? Pwy sy'n ei symud o?

Distawrwydd.

Tyd yn dy flaen. Pwy sy 'na? Lle mae mlwch matsis i?

Saib.

Pwy sy 'na?

Saib.

Ma' gin i gyllall yn fama. Dw i'n barod. Tyd allan y – pwy wyt ti?

Symud, baglu, syrthio, gweiddi.

Distawrwydd.

Davies yn cwynfan yn isel. Mae'n codi.

Reit!

Mae'n sefyll. Mae'n anadlu'n drwm. Yn sydyn clywir yr Electrolux. Gwelir rhywun yn symud gydag ef a'i arwain. Daw'r beipen at Davies, yntau'n neidio i'w hosgoi, ac yn syrthio.

Aw! aw! aw! aw! aw! aw! Dos o'ma!

Stopia'r Electrolux. Neidia rhywun ar wely Aston.

Dw i'n barod amdanat ti! Dw i . . . Dw i . . . Dw i yma!

Tynnir plwg yr Electrolux o soced y golau a rhoi bwlb yn ei le. Daw'r golau ymlaen. Pwysa Davies ar y pared dde, cyllell yn ei law. Gwelir Mic yn sefyll ar y gwely, a'r plwg yn ei law.

Mic: Spring-clinio roeddwn i.

Daw i lawr.

Roedd yna blwg yn y wal i'r Electrolux 'ma. Ond tydi o ddim yn gweithio. Roedd rhaid imi 'i ffitio fo i soced y golau.

Mae'n rhoi plwg yr Electrolux o dan wely Aston.

Sut wyt ti'n gweld y lle yma? Mi fûm i reit brysur.

Saib.

Bob pythefnos mae mrawd a minna, bob yn ail, yn llnau'r lle'n lân. Newydd ddŵad yr o'n i, ro'n i'n gweithio'n hwyr heno. Ond fy nhro i oedd hi, a dyma fi'n dechra arni.

Saib.

Tydw i ddim yn byw yma go iawn. Nagydw. Byw'n rhwla arall ydw i. Ond rhaid imi gymryd cyfrifoldeb y lle, yn rhaid? Rydw i'n greadur taclus.

Symud at Davies, a chyfeirio at y gyllell.

Pam wyt ti'n chwifio honna?

Davies: Tyrd ti'n agos ata i . . .

Mic: Mae'n ddrwg gin i dy ddychryn di. Ond meddwl am
            dy les di yr oeddwn i, fel dyn diarth. Rhaid inni
            feddwl am dy gysuro di, yn rhaid? Dim iws iti gael
            llwch. Am faint wyt ti'n meddwl aros yma, gyda
            llaw? Mynd i awgrymu gostwng dy rent di yr
            oeddwn i, dim ond rhent mewn enw, nes cei di drefn
            ar dy bethau.

            Saib.

            Eto, os wyt ti am fod yn bigog, rhaid imi ailystyried
            y mater.

            Saib.

            Dwyt ti 'rioed yn meddwl ymosod arna i, nag wyt?
            Dwyt ti ddim yn greadur gwyllt, wyt ti?

Davies: (*yn chwyrn*) Pawb â'i fusnes ei hun, mêt. Ond os
            dechreuith rhywun arna i, mi wyddan beth i'w
            ddisgwyl.

Mic: Alla i goelio'n hawdd.

Davies: Gelli. Dw i wedi trafeilio, wyt ti'n dallt? Dim ots gin

i am dipyn o hwyl weithia . . . ond gofyn di i rywun
sut y bydd hi os dechreuith rhywun lolian efo mi.

Mic: Dw i'n gweld, ydw.

Davies: Mae 'na ben . . .

Mic: Draw ar betha.

Davies: Oes.

          *Mae Mic yn eistedd ar y llanast ar yr ochr dde tua'r
          blaen.*

          Be wyt ti'n 'neud?

Mic: Isio dweud rydw i – bod be ddeudist ti wedi gwneud
          argraff fawr arna i.

Davies: Y?

Mic: Mi wnest ti argraff fawr arna i.

          Saib.

          Do wir, argraff fawr iawn.

          Saib.

          Do wir.

Davies: Wyt ti'n fy nallt i ta?

Mic: Ydw. Dw i'n meddwl yn bod ni'n dallt yn gilydd.

Davies: Y? Wel . . . Mi leiciwn i feddwl hynny . . . Rwyt ti
          wedi bod yn lolian efo fi yn do? Dwn i'm byd pam.
          Wnes i ddim drwg iti.

Mic: Naddo, wyddost ti be oedd? Digwydd tynnu'n groes
          ddaru ni, dyna'r cwbwl.

Davies: Ia.

          Ymuna Davies â Mic yn y llanast.

Mic: Gym'ri di frechdan?

Davies: Be?

Mic: (*estyn frechdan o'i boced*) Dyma chdi.

Davies: Dim o dy dricia di.

Mic: Ti'm yn 'y nallt i. Fedra i ddim peidio cymryd
          diddordeb yn rhywun sy'n ffrind i 'mrawd. Ti'n
          ffrind iddo fo dwyt?

Davies: Wel . . . y . . . faswn i ddim yn mynd mor bell â
          hynny.

Mic: Dwyt ti'm yn meddwl bod o'n glên ta?

Davies: Wel, ddeudwn i ddim yn bod ni'n gymaint â hynny o ffrindia. Wnaeth o ddim drwg imi, ond dydan ni ddim felly o ffrindia, chwaith. Be sy ar y frechdan 'na?

Mic: Caws.

Davies: Mi wneith yn iawn.

Mic: Dyna chdi.

Davies: Diolch mistar.

Mic: Mae'n biti gen i glwad nad ydi 'mrawd ddim yn rhyw glên iawn.

Davies: Mae o'n beth digon clên, mae o'n ddigon clên. Ddeudis i ddim byd . . .

Mic: (*estyn y salter halen o'i boced*) Halen?

Davies: Dim diolch.

Mae'n bwyta'r frechdan.

Ddim cweit . . . yn 'i ddallt o dw i.

Mic: (*gan balfalu yn ei boced*) 'Di anghofio'r pupur.

Davies: Fedra i mo'i ddallt o, dyna i gyd.

Mic: Roedd gin i fitrwt yn rhywle. 'Di golli o mae'n rhaid.

Saib.

Mae Davies yn bwyta'r frechdan. Gwylia Mic ef yn bwyta, yna mae'n codi a cherdded yn hamddenol at flaen y llwyfan.

Y . . . gwranda . . . ga'i ofyn cyngor gen ti? Rwyt ti'n ddyn o brofiad. Ga'i ofyn dy gyngor di am rwbath?

Davies: Wel, siŵr iawn.

Mic: Wel, fel hyn ma' hi . . . dw i'n poeni braidd am 'y mrawd.

Davies: 'Ch brawd?

Mic: Ia . . . da'ch gweld . . . y peth sy . . .

Davies: Be?

Mic: Wel, dydi o ddim yn beth neis iawn i'w ddweud . . .

Davies: (*Mae'n codi a daw i flaen y llwyfan*) Dowch, dowch, deudwch chi.

Mae Mic yn edrych arno.

Mic: Tydio ddim yn licio gwaith.

Saib.

Davies: Tewch!

Mic: Na, dydi o ddim yn leicio gwaith, dyna'i ddrwg o.

Davies: Wir?

Mic: Mae o'n beth ofnadwy i rywun ddeud am 'i frawd 'i hun.

Davies: Ydi.

Mic: Ofn gwaith s'arno fo.

Davies: Dw i'n nabod 'i siort o.

Mic: 'Dach chi'n nabod y teip?

Davies: Dw i wedi'u gweld nhw.

Mic: Isio iddo fo ddŵad yn 'i flaen s'arna i.

Davies: Debyg iawn.

Mic: Os oes gynnoch chi frawd hŷn na chi, 'dach chi isio iddo fo ddod yn 'i flaen. Dydi o da i ddim yn segur. Dim ond g'neud drwg iddo fo'i hun. Dyna dw i'n ddeud.

Davies: Ia.

Mic: Wnaiff o sticio i un dim.

Davies: Ofn gwaith s'arno fo.

Mic: Ofn gwaith.

Davies: Ia, edrych yn debyg i mi.

Mic: Ti 'di gweld rhai tebyg, do?

Davies: O do, do, dw i'n 'u nabod nhw.

Mic: Ia.

Davies: Dw i'n nabod rhai felly. Dw 'di gweld digon ohonyn
           nhw.

Mic: Dw i'n poeni'n 'i gylch o. Mae gin i waith. Dw i'n
           grefftwr. Ma' gin i fy fan fy hun.

Davies: Oes wir?

Mic: Mae o i fod i 'neud job bach i mi . . . dyna pam dw i'n
           'i gadw fo yma . . . ond dwn i ddim . . . mae'n siŵr gin
           i mai un ara' deg ydi o.

           Saib.

           Be fasa chi'n ddeud?

Davies: Wel . . . un digri 'di o – 'ch brawd.

Mic: Be?

Davies: Deud o'n i . . . un digri ydio . . . 'ch brawd.

          Sylla Mic arno.

Mic: Yn ddigri? Pam?

Davies;   Wel . . . un digri 'dio . . .

Mic: Be sy'n ddigri yno fo?

          Saib.

Davies: Ddim yn ffond o waith.

Mic: Be sy'n ddigri yn hynny?

Davies: Dim byd.

          Saib.

Mic: Faswn i ddim yn galw hynny'n ddigri.

Davies: Na finna.

Mic: Paid ti â mynd yn rhy feirniadol.

Davies: Doeddwn i ddim . . . dim ond deud . . .

Mic: Paid ti â bod yn rhy barod dy dafod.

Davies: . . . Ylwch . . . Deud ro'n i . . .

Mic: Rho daw arni!

            Yn fywiog.

            Gwranda. Mae gin i gynnig iti. Dw i am gymryd y lle
            'ma drosodd, ti'n dallt? Fedrwn i gael gwell trefn
            'ma. Ma' gin i lot o syniada, lot o blania.

            Mae'n edrych ym myw llygaid Davies.

            Sut basat ti'n licio aros yma, fel *caretaker*?

Davies: Be?

Mic: Dw i am fod yn reit blaen efo chdi. Mi fedrwn i
            ddibynnu ar ddyn fel chdi o gwmpas y lle 'ma, i gadw
            llygad ar betha.

Davies: Rŵan . . . rhoswch am funud ta . . . dydw i erioed
            wedi g'neud dim byd felly o'r blaen, cofiwch.

Mic: Dim ots am hynny. Gweld golwg dyn handi arnat ti
            o'n i.

Davies: O, dw i ddigon handi. Dw i wedi ca'l llawar cynnig yn
            'y nydd.

Mic: Pan ddoist ti allan efo'r gyllall, mi welis i na chymrat
            ti ddim lol.

Davies: O! Chym'ra i ddim lol gin neb, gyfaill.

Mic: Ti wedi bod yn 'r armi, do?

Davies: Y?

Mic: Yn 'r armi. Ro'n i'n gweld ar ffor ti'n sefyll.

Davies: O . . . do, do, do, siŵr iawn. Oes go lew . . . dros y môr . . . dyna lle bûm i.

Mic: Yn y gwledydd poethion?

Davies: Ia! Ia! Fi oedd un o'r rhai cynta yno.

Mic: I'r dim. Chdi 'di'r dyn y bûm i'n chwilio amdano.

Davies: I be?

Mic: I fod yn *garetaker*.

Davies: Ia . . . wel . . . 'rhoswch funud bach ta. Deudwch i mi. Pwy bia'r tŷ 'ma – fo ta chi?

Mic: Fi. Mae'r gweithredoedd gen i.

Davies: O.

Yn bendant.

Ylwch, ylwch, fasa waeth gen i 'neud ddim, fasa waeth gen i edrych ar ôl y lle i chi ddim.

Mic: Cofia, mi fasa'n rhaid i ni gael rhyw drefniant efo arian. Er mantais i'r ddwy ochor.

Davies: O, mi adawa i bopeth felly i chi.

Mic: Reit. O! Un peth arall.

Davies: Be felly?

Mic: Oes gen ti *references*?

Davies: Y?

Mic: I mi ddangos i'r twrna.

Davies: Ma' gin i ddigon o *references*. Os a' i lawr i Sidcup fory, mi ga'i ddigon ohonyn nhw.

Mic: Lle ma' fanno?

Davies: Sidcup? Mae gynno fo fy *references* i i gyd i lawr yno. Nid yn unig hynny, ma' 'mhapura i i gyd gynno fo yn fanno. Dw i'n nabod y lle fel cledar fy llaw. Dw i'n mynd yno, beth bynnag, ydach chi'n dallt, rhaid imi fynd yno ne' ma' hi ar ben arna i.

Mic: Mae'n ddigon hawdd inni i gael *references* felly, os bydd isio nhw?

Davies: Cynta'n byd medra i fynd yno, dw i'n deud wrthoch
          chi . . . disgwyl i'r tywydd droi dw i.

Mic: O.

Davies: Gwrandwch. Fedrwch chi ddim cael gafa'l ar bâr o
          sgidia i mi? Mae'n ddrwg iawn arna i am sgidia. Oes
          'na siawns i chi gael hyd i bâr imi?

          Mae'r golau'n pylu i dywyllwch.

          Goleuo. Bore.

          *Aston yn tynnu ei drowsus dros ei drôns hir. Mae'n
          tynnu wyneb ychydig. Edrych yn ôl i gyfeiriad pen
          y gwely, cymer dywel oddi ar y rêl a'i ysgwyd. Tyn
          ef i lawr, aiff at Davies a'i ddeffro. Davies ar
          amrantiad yn codi ar ei eistedd.*

Aston: Roeddech chi isio i mi'ch deffro chi.

Davies: I be?

Aston: Am fynd i Sidcup, meddach chi.

Davies: Ia, taswn i'n medru mynd yno.

Aston: Does 'na ddim golwg rhy dda arni.

Davies: Wel, waeth imi roi'r ffidil yn y to, felly, na waeth?

Aston: Noson annifyr iawn ges i eto.

Davies: Chysgais inna ddim.

          Saib.

Aston: Wyddoch chi be, roedd gynnoch chi . . .

Davies: Dim . . . Mi ddaru dipyn o law yn nos, do?

Aston: 'Chydig bach.

          Mae'n mynd at ei wely, codi 'styllen a dechrau ei
          llyfnhau.

Davies: Meddwl braidd. Roedd o'n dŵad am 'mhen i.

          Saib.

          Ma'r drafft yn union at 'y mhen i, beth bynnag.

          Saib.

          Fedrwch chi ddim cau y ffenast y tu ôl i'r sach 'na
          deudwch?

Aston: Mi fedrwn . . .

Davies: Wel, be am 'neud ta. Mae'r glaw yn dŵad am
          'mhen i.

Aston: Mae gofyn cael awyr iach.

Davies yn codi o'r gwely. Mae'n gwisgo ei drowsus, ei wasgod a'i fest.

Davies: (*yn gwisgo'i sandalau*) Gwrandwch. Dw i wedi byw ar hyd f'oes yn yr awyr iach. Fedrwch chi mo 'nysgu fi am awyr iach. Deud bod 'na ormod o wynt yn dŵad trwy'r ffenast yna pan dw i yn 'y ngwely.

Aston: Mae hi'n mynd yn glòs iawn hefo'r ffenest yna'n gaead.

Mae Aston yn croesi at y gadair, yn gosod y 'styllen arni ac yn parhau i'w llyfnhau.

Davies: Deud dw i bod y glaw 'na'n dŵad am 'mhen i. Colli cysgu efo fo. Mi ga'i annwyd efo'r drafft 'na, gewch chi weld. Dyna'r cyfan dw i'n drio ddeud. Caewch y ffenast 'na, chaiff neb annwyd wedyn. Dyna be o'n i'n drio ddeud.

Saib.

Aston: Fedrwn i byth gysgu 'ma hefo'r ffenest 'na wedi'i chau.

Davies: Ia. Ond be amdana i? Be . . . be sy gennych chi i'w ddeud am fy safle i?

Aston: Pam na orweddwch chi fel arall?

Davies: Be 'dach chi'n feddwl?

Aston: Cysgu a'ch traed at 'ffenast.

Davies: Faint gwell faswn i?

Aston: Fasa'r glaw ddim yn dod ar ych pen chi wedyn.

Davies: Na, fedrwn i ddim gwneud hynny. Fedrwn i ddim gwneud hynny!

            Saib.

            Dw i wedi arfer cysgu fel hyn. Nid fi sy raid newid ond y ffenast 'na. Sbïwch! Mae hi'n bwrw rŵan.

            Saib.

Aston: Dw i'n credu'r a' i am dro i lawr i Goldhawk Road. Ddechreuish i sgwrs â rhyw foi yno. Roedd gynno fo fainc lifio. Golwg reit dda arni, dybia i. Fydd hi fawr o ddefnydd iddo fo.

            Saib.

            Mi a' i draw yno am dro, dw i'n meddwl.

Davies: Gwrandwch ar hynna . . . mae'i 'di darfod am 'y nhrip i i Sidcup. Hei! Beth am gau'r ffenast 'na rŵan? Mae'r glaw'n dŵad i mewn.

Aston: Caewch hi am rŵan.

Mae Davies yn cau'r ffenestr ac yn edrych allan.

Davies: Be sy dan y tarpolin 'na allan yn fanna?

Aston: Coed.

Davies: I be?

Aston: I wneud cwt.

Eistedd Davies ar ei wely.

Davies: 'Dach chi byth 'di cael hyd i bâr o sgidia imi?

Aston: O. Naddo. Mi dria i ga'l rwbath ichi heddiw.

Davies: Fedra i ddim mynd allan yn rhein, 'na fedra? Ddim hyd yn oed i ga'l panad o de?

Aston: Mae 'na gaffi i lawr y ffordd.

Davies: Ella wir, gyfaill.

Tywylla'r ystafell yn ystod araith Aston.

Erbyn diwedd yr araith, Aston yn unig a welir yn glir a gadewir Davies a'r gwrthrychau eraill yn y cysgod. Rhaid tywyllu yn raddol heb i hynny fod yn amlwg.

Aston: Roeddwn i arfar mynd yno flynyddoedd yn ôl. O . . .
flynyddoedd lawer yn ôl erbyn hyn. Ond mi beidiais.
Ro'n i'n arfar licio'r lle. Mi dreuliais i gryn dipyn o
amsar yno. Roedd hynny cyn i mi fynd i ffwrdd. Yn
union cyn i mi fynd. Dw i'n meddwl fod gan y lle
lawer i'w wneud â hyn. Roeddan nhw i gyd . . . gryn
dipyn yn hŷn na mi. Ond mi fydden nhw'n barod
iawn i wrando bob amser. Ro'n i'n meddwl . . . 'u
bod nhw'n dallt be oeddwn i'n ddeud. Ro'n i'n arfer
siarad efo nhw. Wel, ro'n i'n siarad gormod. Dyna
'nghamgymeriad i. Yr un fath yn y ffatri. Pan fyddwn
i'n sefyllian yno, neu pan fydda hi'n amser panad,
mi fyddwn i'n . . . siarad am bethau. Ac mi fyddai'r
dynion 'ma, mi fydden nhw'n gwrando, pa bryd
bynnag y byddai gen i . . . rywbeth i'w ddweud. Roedd
hynny'n iawn. Y drwg oedd y byddwn i'n gweld pob
math o . . . ddrychiolaetha. Nid drychiolaetha
oeddan nhw, roeddan nhw . . . roeddwn i'n cael y
teimlad 'mod i'n gweld pethau . . . yn glir iawn . . .
popeth . . . mor glir . . . roedd popeth . . . roedd
popeth yn mynd yn hollol ddistaw . . . roedd popeth
yn mynd yn hollol ddistaw . . . hyn i gyd . . . yn
ddistaw . . . a . . . gweld yn glir . . . roedd o . . . ond
efallai 'mod i'n anghywir. Beth bynnag, mae'n rhaid
bod rhywun wedi dweud rhywbeth. Wyddwn i ddim
byd. A . . . mae'n siŵr bod rhywun wedi palu rhyw
gelwydd. Ac mi aeth y celwydd yma ar led. Ro'n i'n
meddwl bod pobol yn dechrau mynd yn ddigri. Yn y
caffi 'na. Y ffatri. Roeddwn i'n methu dallt. Wedyn,
un diwrnod, dyma nhw'n mynd â fi i ryw ysbyty, yr
ochr draw i Lundain. Dyma nhw . . . yn mynd â fi

yno. Doeddwn i ddim isio mynd. Beth bynnag . . .
mi geisis i ddianc amryw o weithiau. Ond doedd hi
ddim yn hawdd iawn. Roeddan nhw'n fy holi fi, i
mewn yn fanno. Fy nghael i i mewn a gofyn pob
mathau o gwestiynau i mi. Wel, mi ddeudais i
wrthyn nhw . . . pan oeddan nhw isio gwybod . . . be
oedd fy meddyliau i. Hmmnn. Wedyn un diwrnod . . .
y dyn yma . . . doctor, dw i'n meddwl . . . y prif un . . .
roedd o'n ŵr o fri . . . er nad oeddwn i fy hun ddim
yn siŵr o hynny. Mi alwodd amdana i. Mi ddeudodd
o . . . mi ddeudodd o wrtha i fod rhwbath arna i. Mi
ddeudodd o 'u bod nhw wedi gorffen 'u harchwiliad.
Dyna be ddeudodd o. A dyma fo'n dangos pentwr o
bapura, a deud fod rhwbath arna i, ryw salwch. Mi
ddeudodd o . . . dim ond hynny ddeudodd o, 'chi.
Mae'r peth 'ma . . . arnoch chi. Dyna ydi'ch salwch
chi. Ac rydan ni wedi penderfynu, medda fo, er eich
mwyn chi, mai dim ond un peth fedrwn ni 'i wneud.
Dyma fo'n deud . . . ond fedra i ddim . . . cofio'i union
eiria fo . . . rydan ni'n mynd i wneud rhywbeth i'ch
'mennydd chi, medda fo . . . Os na wnawn ni, mi
fyddwch chi yma am weddill ych oes, ond os
gwnawn ni, mae ganddoch chi obaith. Mi gewch chi
fynd allan, medda fo, a byw fel y lleill. Be 'dach chi
isio'i 'neud i 'mennydd i, meddwn i wrtho fo. Ond
wnaeth o ddim ond ailadrodd be ddeudodd o. Wel,
doeddwn i ddim yn wirion. Mi wyddwn i 'mod i dan
oed. Mi wyddwn i na fedra fo 'neud dim byd i mi heb
ganiatâd. Mi wyddwn i bod raid iddo gael caniatâd
Mam. Felly mi sgrifennis i ati a deud wrthi yr hyn
roeddan nhw'n trio'i 'neud. Ond mi arwyddodd hi

'u ffurflen nhw, 'dach chi'n gweld, yn caniatáu. Mi wn i hynny gan iddo fo ddangos 'i llofnod hi pan sonis i am y peth. Wel, y noson honno mi driais i ddianc. Mi dreuliais i bum awr yn llifio un o fariau'r ffenast yn y ward 'ma. Yn y twllwch. Mi fydden nhw'n goleuo tortsh ar y gwlâu bob hanner awr. Felly dyma fi'n amseru i'r dim. Ro'n i bron â gorffen, a dyma ddyn yn . . . dyma fo'n cael ffit, reit wrth f'ochor i. A dyma nhw'n fy nal i, beth bynnag. Ryw wythnos yn ddiweddarach dyma nhw'n dod draw i wneud y peth 'ma i'r 'mennydd. Roeddan ni i gyd i fod i gael y driniaeth 'ma yn y ward 'ma. A dyma nhw'n dŵad ac yn gwneud pawb fesul un. Un bob noson. Fi oedd un o'r rhai ola. Ac mi allwn i weld yn hollol glir be oeddan nhw'n 'i 'neud i'r lleill. Mi fydden nhw'n dod efo hwnna . . . dwn i ddim be oedd o . . . tebyg i efail fawr, efo gwifra arni hi, roedd y gwifra wedi cael eu cysylltu i ryw beiriant bach. Un trydan. Mi fydden nhw'n dal y dyn i lawr, ac roedd y *chief* 'ma . . . y prif ddoctor, yn ffitio'r efail, rhywbeth tebyg i ffôn clust, roedd o'n 'u ffitio nhw ar bob ochr i benglog y dyn. Roedd 'na ddyn yn dal y peiriant, 'dach chi'n gweld, ac mi fydda fo'n . . . 'i gysylltu o, a dim ond pwyso'r efail 'ma o bobtu i'r pen i'w cadw nhw yno fydda'r *chief*. Wedyn mi fydda fo'n 'u tynnu nhw i ffwrdd. Mi fydden nhw'n rhoi rhyw orchudd dros y dyn . . . a fydden nhw ddim yn 'i gyffwrdd o tan yn ddiweddarach. Roedd rhai yn cwffio yn 'i erbyn o, ond fyddai'r rhan fwya ohonyn nhw ddim. Roedden nhw jyst yn gorwedd yno. Wel, dyma nhw'n dod ata i, a'r noson honno mi godis i a sefyll yn erbyn y wal. Dyma nhw'n deud wrtha i am fynd ar y gwely, ac mi wyddwn i bod raid iddyn nhw fy nghael i ar y gwely achos, tasen nhw'n rhoi'r driniaeth a finna'n sefyll mi allen nhw dorri asgwrn fy nghefn i. Felly, mi sefis i, wedyn dyma un neu ddau ohonyn nhw'n dod amdana i, wel, roeddwn i'n ifancach 'radag honno, roeddwn i'n gryfach o lawer nag ydw i rŵan, roeddwn i'n reit gryf 'radag honno, dyma fi'n rhoi un ar wastad 'i gefn ac yn cydio yn nhagall un arall ac wedyn yn sydyn roedd y *chief* â'i efail ar fy mhenglog i ac ro'n i'n gwybod nad oedd o i fod i wneud hynny a finna'n sefyll, dyna pam 'mod ... beth bynnag, mi lwyddodd. Felly mi fedris i ddod allan. Mi ddois i allan o'r lle ... ond fedrwn i ddim cerdded yn dda iawn. Dw i ddim yn meddwl fod asgwrn 'y nghefn i wedi 'i niweidio. Roedd hwnnw'n berffaith iawn. Y drwg oedd ... fy meddwl ... wedi arafu ... ryw dwllni arna i ... fedrwn i ddim meddwl o gwbwl ... fedrwn i ddim ... cael trefn ar 'y meddylia ... y ... cael trefn arnyn nhw. Y drwg oedd, fedrwn i ddim clywad be oedd pobl yn 'i ddeud. Fedrwn i ddim edrych i'r dde nac i'r chwith, roedd yn rhaid i mi edrych yn syth o mlaen, achos pe bawn i'n troi fy mhen ... fedrwn i ddim dal ... yn syth. Ac mi gawn i gur yn 'y mhen. Mi steddwn yn fy stafall. Roedd hynny pan oeddwn i'n byw efo Mam. A mrawd. Roedd o'n iau na fi. Ac mi ges i drefn ar bopeth, yn fy stafall, popeth y gwyddwn i oedd yn eiddo i mi, ond wnes i ddim marw. Y peth ydi, fe ddylwn i fod wedi marw. Mi ddylwn i fod wedi marw. Beth bynnag, dw i'n teimlo'n well o lawer rŵan. Ond dw i ddim yn siarad efo pobol rŵan. Dw i ddim yn mynd ar gyfyl lleoedd fel y caffi 'na. Fydda i byth yn mynd iddyn nhw rŵan. Fydda i ddim yn siarad efo neb . . . fel 'na. Dw i wedi meddwl lawer gwaith am fynd yn ôl a thrio cael gafael ar y dyn wnaeth hynna i mi. Ond mae gin i rwbath arall i'w wneud yn gynta. Dw i isio codi'r cwt 'na yn yr ardd.

Llen

Act Tri

Pythefnos yn ddiweddarach.

Mae Mic yn gorwedd ar lawr, yn y gwaelod ar y chwith, ei ben yn gorffwys ar y carped sydd wedi ei rowlio, yn edrych i fyny ar y nenfwd.

Eistedd Davies yn y gadair, ei getyn yn ei law.
Siaced ysmygu amdano.
Y prynhawn ydyw.

Distawrwydd.

Davies: Mae'n siŵr gen i 'i fod o wedi gwneud rhywbeth i'r craciau 'na.

Saib.

Mi fwriodd ddigon yr wythnos dwytha, ond does 'na ddim dŵr wedi disgyn i'r bwcad.

Saib.

Mae'n rhaid 'i fod o wedi tario drosto fo.

Saib.

Roedd 'na rywun yn cerdded ar y to y noson o'r blaen. Fo oedd 'no mae'n siŵr.

Saib.

Mae'n siŵr gen i 'i fod o wedi tario drosto fo. Ddeudodd o ddim byd wrtha i. Ddim byd.

Saib.

Fydd o byth yn f'atab i.

Tania fatsien, deil hi wrth y cetyn a'i diffodd.

Ches i ddim cyllall!

Saib.

Ches i ddim cyllall imi dorri brechdan.

Saib.

Does dim posib.

Saib.

Mic: Mae gin ti gyllall.

Davies: Be?

Mic: Mae gin ti gyllall.

Davies: Mae gin i gyllall, siŵr iawn bod gin i gyllall, ond sut medra i dorri brechdan efo honna? Nid cyllall fara

ydi honna. Does a wnelo hi ddim byd â thorri bara.
Digwydd 'i cha'l hi yn rwla ddaru mi. Be wn i lle mae
hi wedi bod? Be dw i isio ydi –

Mic: Mi wn i be wyt ti isio.

Saib. Davies yn codi ac yn mynd at y stof nwy.

Davies: Beth am y stof nwy 'ma? Heb ei chonectio medda fo.
Sut y gwn i nad ydi hi wedi'i chonectio? Be taswn i,
a finna'n cysgu reit yn 'i hymyl hi, yn deffro'n nos a
'mhen i jyst iawn yn y popty? Hon yn fanma, reit yn
f'ymyl i. Sut y gwn i na fysa hi'n chw'thu i fyny a
'mynafyd i!

Saib.

Dydi o'n cymryd dim sylw o be ddeuda i wrtho fo.
Ddeudis i wrtho fo . . . ddeudis i wrtho fo am y
Blacks drws nesa'n dŵad i fyny ac yn iwsio'r tŷ bach.
Ddeudis i wrtho fo fod y lle yn fudur, fod canllaw'r
grisiau yn ddu, fod y tŷ bach yn ddu. Be ddaru o? Y
fo sy â gofal y lle 'ma. Ond ddeudodd o ddim byd.
Dim byd!

Saib.

Bythefnos yn ôl . . . ro'dd o'n ista fanna, dyma fo'n
rhoi sgwrs hir imi . . . tua pythefnos yn ôl. Mi
roddodd o sgwrs hir imi. Ers hynny, dydi o ddim
wedi torri gair bron. Mi siaradodd o'n ddi-baid yn

115

fanna . . . dwn i'm byd am be . . . doedd o ddim yn edrach arna i, doedd o ddim yn siarad efo fi, dim ots gynno fo amdana i. Siarad efo fo'i hun oedd o! Dyna sy ar 'i feddwl o. Fe fyddwch chi'n dŵad ata i, a gofyn am fy marn i, fasa fo byth yn g'neud ffasiwn beth. Does 'na ddim sgwrs rhyngon ni, 'dach chi'n gweld. Fedrwch chi ddim byw yn yr un stafall efo rhywun sy ddim . . . sy ddim yn cael unrhyw sgwrs efo chi.

Saib.

Fedra i mo'i ddallt o.

Saib.

Mi allech chi a fi roi dipyn o fynd yn y lle 'ma.

Mic: (*synfyfyrgar*) Ia, rwyt ti yn llygad dy le. Sbia be allwn i 'i 'neud efo'r lle yma.

Saib.

Mi fedrwn i droi'r lle yn fflat. Fanma i ddechra. Mi wnâi hon gegin. Y maint yn iawn, ffenast braf, mae hi'n cael yr haul. Mi faswn i'n cael uneda cegin efo topia llwyd tywyll. Digon o le i gypyrdda i ddal y llestri. Mi faswn i'n cael . . . yn cael sgwaria leino glaswyrdd, copor a memrwn. Mi faswn i'n cael yr un lliwiau ar y walia. Mi faswn i'n rhoi wynab llwyd fel llwyd siarcol i'r unedau yn y gegin. Digon o le i gypyrdda i ddal y llestri. Mi fasa gynnon ni gwpwrdd

116

wal bychan, cwpwrdd wal mawr, cwpwrdd cornel
efo silffoedd sy'n troi. Fasat ti ddim yn brin o
gypyrdda. Mi fedrat ti roi'r stafall fyta ar ben y grisia,
wyt ti'n gweld? Ia. *Venetian blinds* ar y ffenestri,
llawr corcyn, teils corcyn. Mi fedrat ti gael carped
trwchus golau, golau, bwrdd o . . . o goed tîc a haen
o affromosia, seidbord efo droria duon di-sglein,
cadeiria crymion efo seti melfed, cadeiria breichia
mewn brethyn lliw ceirch, soffa ffrâm ffawydd efo
sêt o foresg wedi'i phlethu, bwrdd coffi top-gwyn yn
dal gwres, a theils gwynion o'i gwmpas o. Ia. Stafall
wely wedyn. Be ydi stafall wely? Encil. Lle i gael
llonydd a thawelwch. Mae isio tawelwch yn y ffordd
o'i gwneud hi i fyny. Goleuni lle medri di 'i gael o.
Dodrefn . . . mahogani a rhosbren. Carped glas
tywyll, llenni plaen glas a gwyn, cwilt â phatrwm o
rosod bach glas ar gefndir gwyn, bwrdd gwisgo â'i
wynab o'n codi, hambwrdd plastig y tu mewn, lamp
fwrdd o raffia gwyn . . .

Mic yn codi ar ei eistedd.

Nid fflat fasa fo ond plas.

Davies: Mi faswn i'n meddwl, wir.

Mic: Plas.

Davies: Pwy fasa'n byw yno?

Mic: Fi. 'Mrawd a finna.

Saib.

Davies: Be amdana i?

Mic: (*yn ddistaw*) Dydi'r holl 'nialwch 'ma'n da i ddim i
neb. Tocyn o sgrap. Llanast. Fedra neb 'neud cartra
allan o hyn. Chai neb byth drefn arno fo. 'Nialwch!
Wertha neb byth mono fo chwaith. Chaet ti ddim
dwy geiniog amdano fo.

Saib.

Llanast.

Saib.

Ond dydi o ddim yn cymryd diddordeb yn yr hyn sy
gen i mewn golwg. Pam na siaredi di efo fo?

Davies: Fi?

Mic: Ia. Rwyt ti'n ffrindia efo fo.

Davies: Dydi o ddim yn ffrind i mi.

Mic: Rwyt ti'n byw yn yr un stafall ag o, 'n dwyt?

Davies: Dydi o ddim yn ffrind i mi. Wyddoch chi ddim lle
rydach chi efo fo. Mae hi'n wahanol efo rhywun fel
chi.

Edrych Mic arno.

O, mi wn i fod gynnoch chi'ch ffordd . . . eich ffordd eich hun . . . mi fedar pawb weld hynny. Mae 'na betha digon rhyfadd ynoch chi 'fath â pawb. Ond mae o'n wahanol tydi? Rydach chi, beth bynnag, yn . . .

Mic: Onast.

Davies: Ia. Dyna chi, yn onast.

Mic: Ydw.

Davies: Ond efo fo, wyddoch chi ddim lle'r ydach chi.

Mic: Y . . .

Davies: Does gynno fo ddim teimlad.

Saib.

Cloc dw i isio! Mae arna i angen cloc i ddeud faint 'di hi o'r gloch. Sut medra i ddeud faint 'di hi o'r gloch heb gloc? Fedra i ddim! Mi ofynnis i iddo fo, mi ofynnis i – beth am imi gael cloc imi gael gwybod faint ydi hi o'r gloch? Os na wyddoch chi faint ydi hi o'r gloch, wyddoch chi ddim byd lle 'dach chi, yn na wyddoch? Fel mae hi rŵan, pan a' i allan am dro, dw i'n gorfod cadw llygad ar y cloc a thrio cofio faint oedd hi o'r gloch at pan ddo' i i mewn. Da i ddim!

Mewn pum munud mi fydda i wedi anghofio! Wedi anghofio faint oedd hi!

Cerdda Davies yn ôl ac ymlaen ar hyd yr ystafell.

Fel hyn mae hi. Pan fydda i ddim yn teimlo'n rhy dda, mi fydda i'n gorwedd ar 'y ngwely. Ond pan ddeffra i, sut gwn i os bydd hi'n amser te? Tydi hi ddim mor ddrwg pan fydda i allan. Mi fedra i sbio ar y cloc ar y gongol. Hyd nes do' i i'r tŷ. Ond pan fydda i yn y tŷ does gen i ddim ges faint 'di hi o'r gloch.

Saib.

Na, cloc dw i isio 'ma, yn y stafall yma. Fasa gin i siawns wedyn. Ond cha i'r un gynno fo.

Eistedd Davies yn ei gadair.

Mae o'n 'y neffro i! Fy neffro i ganol nos! Deud 'mod i'n g'neud twrw! Mi geith o lond ceg gin i cyn bo hir.

Mic: Cau gadael iti gysgu?

Davies: Cau gadael imi gysgu! 'Neffro i mae o!

Mic: Sobor iawn!

Davies: Dw i wedi bod mewn digon o lefydd. Mi fydda i'n cael llonydd i gysgu bob amsar. 'Run fath dros y byd i gyd. Bob man ond fanma.

Mic: Fedrwn ni ddim g'neud heb gysgu. Dyna fydda i'n ddeud bob amsar.

Davies: Debyg iawn! Pan fydda i'n codi'n y bora mi fydda i wedi ymlâdd. Mae gin i waith i 'neud. Mae arna i isio g'neud trefn ar 'y mhetha. Ond pan fydda i'n codi'n y bora does gin i ddim egni. Does gin i ddim cloc chwaith.

Mic: Nagoes.

Davies: (*saif a symud*) Mae o'n mynd allan, dwn i'm byd i ble . . . fydd o byth yn deud wrtha i. Mi fyddan ni'n arfar sgwrsio dipyn, ond ddim rŵan. Fydda i byth yn 'i weld o, mae o'n mynd allan, dŵad yn 'i ôl yn hwyr, y peth nesa mi weli di o'n fy neffro i ganol nos.

Saib.

Ylwch! Mi fydda i'n deffro yn y bora . . . mi fydda i'n deffro yn y bora a dyna lle bydd o'n gwenu arna i! Mi fydda i'n 'i weld o 'dach chi'n gweld, fydda i'n 'i weld o drwy'r blancad. Dyna lle bydd o'n rhoid 'i gôt, yn troi yn 'i unfan, yn sbio arna i ac yn gwenu! Am be ddiawl mae o'n gwenu? Ŵyr o ddim 'mod i'n 'i weld o drwy'r blancad. O, ŵyr o mo hynny! Ŵyr o ddim 'mod i'n 'i weld o! Meddwl 'mod i'n cysgu mae o, ond mi fydda i'n cadw llygad arno fo drwy'r blancad yn bydda? Ŵyr o ddim byd. Dyna lle bydd o'n sbio arna i ac yn gwenu. Ond ŵyr o ddim 'mod i'n 'i weld o!

Saib.

Saif uwchben Mic.

Isio i chi siarad efo fo sy, 'dach chi'n gweld?
Deudwch wrtho fo fod gynnoch chi a fi . . . blania i'r
lle 'ma . . . Rhaid i ni gael dechra. Mi fedrwn i ych
helpu chi i 'neud y lle i fyny. Mi gwnawn ni o . . .
rhyngon ni.

Saib.

Lle 'dach chi'n byw rŵan, ta?

Mic: Fi? O, mae gin i le bach i mi fy hun. Reit neis. Popeth
         yn hwylus. Rhaid i ti ddod draw am dro. Gwrando ar
         rywfaint o Tchaikovsky.

Davies: Na, ylwch, chi ddylsa siarad efo fo, wedi'r cwbwl, chi
         ydi 'i frawd o.

         Saib.

Mic: Ia . . . ella gwna i.

         Clywir clepian drws.

         Mae Mic yn sefyll, mynd at y drws a mynd allan.

Davies: Lle 'dach chi'n mynd? Dyma fo!

Distawrwydd.

Mae Davies yn sefyll, mynd at y ffenestr ac edrych allan trwyddi.

Daw Aston i mewn. Mae ganddo fo fag papur. Tyn ei gôt fawr, agor y bag a thynnu pâr o esgidiau ohono.

Aston: Pâr o sgidia.

Davies: (*gan droi*) Be?

Aston: Taro arnyn nhw wnes i. Trïwch nhw.

Davies: Sgidia? Sut rai?

Aston: Ella gwnân nhw ichi.

Daw Davies i lawr y llwyfan, tyn ei sandalau a thrio'r esgidiau. Cerdda o gwmpas, ysgwyd ei draed a theimlo'r esgidiau.

Davies: Na, na wnân nhw mo'r tro.

Aston: Na wnân?

Davies: Na, dydyn nhw ddim yn ffitio.

Aston: Mmnn.

Saib.

Davies: Wel . . . ella gwnân nhw . . . nes ca i bâr arall.

          Saib.

          Lle mae'r crïa?

Aston: Doedd 'na ddim crïa.

Davies: Fedra i mo'u gwisgo nhw heb grïa!

Aston: Dim ond y sgidia ges i.

Davies: Wel ma' hi 'di darfod, felly, tydi? Fedrwch chi ddim
          gwisgo'r pâr yma o sgidia heb grïa. Os nad oes
          gynnoch chi grïa mae'n rhaid ichi ddal ych troed yn
          dynn, rhaid? Wel, tydi hynny'n g'neud dim lles. Rhoi
          straen ar y traed ydi peth felly. Mae hi'n saffach os
          medrwch chi gau'ch sgidia'n iawn.

          Mae Aston yn mynd ar ben uchaf ei wely.

Aston: Ella bod gin i rai yn rwla.

          Saib.

Davies: 'Dach chi'n dallt 'rhyn dw i'n ddeud?

          Saib.

Aston: Dyna ichi rai.

Mae'n eu hestyn i Davies.

Davies: Rhai brown ydi'r rhain.

Aston: Dim ond rheina sy gin i.

Davies: Sgidia duon ydi'r rhain.

Nid yw Aston yn ateb.

Wel, mi gân wneud . . . nes ca i bâr arall.

Eistedd Davies yn ei gadair gan ddechrau cau ei gareiau.

Ella y gwnân nhw'r tro i mi fynd i Sidcup yfory. Os medra i fynd yno mi fedra i gael trefn arna i fy hun.

Saib.

Dw i wedi cael cynnig job dda. Mae'r dyn wedi'i chynnig hi i mi, mae gynno fo . . . ddigon o syniada. Mae 'na ddyfodol iddo fo. Ond maen nhw isio 'mhapura i 'dach chi'n gweld, isio fy *references*. Mae gofyn i mi fynd lawr i Sidcup i' cael nhw. Dyna lle maen nhw. Y drwg ydi, mynd yno. Dyna 'mhroblem i. Y tywydd sy'n erbyn.

Mae Aston yn mynd allan yn ddistaw bach, heb iddo sylwi.

Dwn i'm fydd rhain da i rwbath. Mae 'na lot o ffordd yno. Dw i wedi bod yno o'r blaen, o'r ochor arall, felly. Tro dwytha bûm i yno . . . tro dwytha . . . stalwm iawn, rŵan . . . roedd hi'n tywallt y glaw, a lwcus na farwis i ddim ar y lôn . . . ond dal i fynd wnes i nes dois i yma . . . Ia . . . dal i fynd ar hyd yr amser. Ond fedra i ddim dal ati fel hyn, rhaid imi fynd yno eto a chael hyd i'r dyn 'ma –

Try ac edrych o gwmpas yr ystafell.

Diawl! Tydi'r cythral ddim yn gwrando arna i!

Tywyllwch dudew.

Golau egwan drwy'r ffenestr.

Mae hi'n nos. Mae Aston a Davies yn eu gwelyau, mae Davies yn tuchan.

Mae Aston yn codi ar ei eistedd, yn codi o'i wely, pwysa switsh y golau, a mynd draw at Davies a'i ysgwyd.

Aston: Hei! Paid, wnei di? Fedra i ddim cysgu.

Davies: Be sy? Be sy? Be sy'n digwydd?

Aston: Gwneud twrw rwyt ti.

Davies: Hen ddyn ydw i, be wyt ti'n ddisgwyl i mi 'neud, peidio anadlu?

Aston: Gwneud sŵn wyt ti.

Davies: Be wyt ti'n ddisgwyl i mi 'neud, peidio anadlu?

*Mae Aston yn mynd at ei wely a rhoi ei drowsus
amdano.*

Aston: Dw i'n mynd am dipyn o awyr iach.

Davies: Be wyt ti'n ddisgwyl i mi 'neud? Yli, mêt, dw i'n
synnu dim 'u bod nhw wedi mynd â chdi i mewn.
Deffro hen ddyn fel 'na ganol nos! Dy . . . dy . . . dwyt
ti ddim yn gall! Gwneud i mi freuddwydio. Pwy ond
y chdi sy'n gwneud i mi freuddwydio? Tasat ti'n
gadael llonydd i mi faswn i ddim yn cadw sŵn! Sut
wyt ti'n disgwyl i mi gysgu mewn heddwch a thitha'n
fy styrbio i bob munud? Be wyt ti'n ddisgwyl i mi
'neud, stopio anadlu?

*Mae'n taflu'r cwrlid i ffwrdd ac yn codi o'i wely, yn
gwisgo ei grys isaf, ei wasgod a'i drowsus.*

Mae hi mor goblyn o oer yma, dw i'n gorfod cadw
'nhrowsus amdana i i fynd i 'ngwely. A finna 'rioed
'di arfar g'neud ffasiwn beth. Ond mae'n rhaid i mi
'neud hynny yn fanma. Does 'na ddim diawl o ddim
byd i gnesu. Dw i 'di cael digon o dy lol di. Dw i wedi
gweld gwell dyddia na chdi. Chafodd neb mohono i
i mewn i un o'r llefydd yna beth bynnag. Dw i'n gall!
Felly paid ti â lolian efo fi. Cadw di'n dy le, dyna'r
cwbwl. A mi fydda inna'n iawn efo chdi. Mae dy

frawd yn cadw llygad arnat ti. O ydi! Mae *o'n* ffrind i mi. Fy nhrin i fel baw! Pam gwnest ti 'ngwahodd i yma yn y lle cynta os dyma'r ffordd roeddat ti am 'y nhrin i? Meddwl wyt ti dy fod ti'n well na fi. Meddylia eto. Dw i'n gwybod digon. Os ceuson nhw chdi i mewn o'r blaen, mi fedran nhw dy gau di i mewn eto. Mae dy frawd yn cadw llygad arnat ti! Mi fedran nhw roi'r efail ar dy ben di, 'ngwas i! Eto, 'ngwas i! Pan lician nhw. Dim ond iddyn nhw gael y gair. Dy gario di i mewn, 'ngwas i . . . Mi allan nhw ddŵad i mewn yma a dy godi di a dy gario di i mewn! Mi setlan nhw chdi! Mi ro'n nhw'r efail 'na ar dy ben di. Mi setlan nhw chdi! Wel, tasan nhw'n gweld yr holl 'nialwch 'ma dw i'n gorfod cysgu yn 'i ganol o, mi fasan nhw'n ffeindio sut un wyt ti. Y camgymeriad mwya wnaethon nhw, coelia di fi, oedd d'ollwng di allan o'r lle 'na. Does neb yn gwybod be ti'n drio'i 'neud. Rwyt ti'n mynd allan, yn dŵad i mewn, a neb yn gwybod *dim*! Wel, chymra i ddim lol gin neb. Wyt ti'n disgwl i mi 'neud dy waith budur di? Haaaaahhhhh! Well iti ailfeddwl, 'ngwas i. Wyt ti'n disgwyl i mi 'neud yr holl waith budur i fyny ac i lawr y grisiau, dim ond i mi gael cysgu yn y sglyfath lle 'ma bob nos? Disgwl i mi 'neud peth fel'na? Nid y fi, 'ngwas i. Nid i *chdi*, 'ngwas i. Wyddost ti ddim be wyt ti'n 'neud hannar yr amsar. Dwyt ti ddim yn gall! Dwyt ti ddim yn *hannar* call! Ddigon hawdd deud ar d'olwg di. Roist ti 'rioed swllt neu ddau imi. 'Nhrin i fel anifal. Fûm i 'rioed mewn seilam!

Mae Aston yn symud mymryn tuag ato. Cymer
Davies ei gyllell o'i boced gefn.

Paid ti â thrio dim, gyfaill. Mae hon gen i. Dw i 'di 'i
hiwsio hi cyn hyn. Cadw draw.

Saib. Syllant ar ei gilydd.

Watsia be wyt ti'n 'neud.

Saib.

Paid â thrio dim efo fi.

Saib.

Aston: Dw i . . . Dw i'n meddwl y . . . basa'n well i chi gael
         rwla arall. Dw i ddim yn gweld ni'n siwtio'n gilydd.

Davies: Rwla arall?

Aston: Ia.

Davies: Fi? Wyt ti'n siarad efo fi? Nid fi, 'ngwas i. Chdi!

Aston: Be?

Davies: Chdi! Chwilia *di* am rwla arall!

Aston: Dw i'n byw yma. Dwyt ti ddim.

Davies: O, nac ydw? Wel, rydw i yn byw 'ma. Dw i wedi cael cynnig job yma.

Aston: Ia . . . wel, dw i'm yn credu bo' chdi'n siwtio.

Davies: Ddim yn siwtio? Wel, mi ddeuda i wrthat ti, mae 'na rywun yma sy'n meddwl 'mod i'n siwtio. Ac mi ddeuda i wrthat ti. Dw i'n aros yma fel *caretaker*! Ti'n dallt! Dy frawd . . . fo ddeudodd, mi ddeudodd o fod y job i mi. Fi! Dw i'n aros yma fel *caretaker* iddo fo.

Aston: Fy mrawd i?

Davies: Mae o'n aros . . . mae o am redeg y lle 'ma, ac rydw inna'n aros efo fo.

Aston: Yli . . . Os rho i . . . ychydig syllta i ti, mi fedri di fynd i lawr i Sidcup.

Davies: Cod di dy gwt yn gynta! Ychydig syllta, wir! Pan fedra i ennill cyflog iawn yn fanma! Cod di dy hen gwt sglyfath i ddechra!

Mae Aston yn syllu arno.

Aston: Nid sglyfath o gwt ydi o.

Distawrwydd.

Mae Aston yn symud tuag ato.

Mae o'n lân. Coed da i gyd. Mi coda i o. Dim trafferth.

Davies: Paid â dod yn rhy agos!

Aston: Doedd dim rhaid iti alw'r cwt yn sglyfath.

          Mae Davies yn anelu'r gyllell ato.

          Rwyt ti'n drewi.

Davies: Be?

Aston: Rwyt ti'n llenwi'r lle 'ma efo dy ddrewi.

Davies: Uffach, deud hynna wrtha i!

Aston: Ers dyddia. Dyna un rheswm pam 'mod i'n methu
          cysgu.

Davies: Deud hynna! Deud 'mod i'n drewi!

Aston: Well i ti fynd.

Davies: Mi ro i ddrewi iti!

          *Estyn ei fraich, y fraich yn crynu, y gyllell yn
          pwyntio at stumog Aston. Nid yw Aston yn symud.
          Distawrwydd. Nid yw braich Davies yn symud
          ymhellach. Safant.*

          Mi ro i ddrewi iti . . .

Saib.

Aston: Hel dy betha.

Mae Davies yn tynnu'r gyllell at ei frest, gan anadlu'n drwm. Mae Aston yn mynd at wely Davies, codi ei fag a rhoi ychydig o bethau Davies ynddo.

Davies: 'Sgen ti ddim . . . hawl! 'Sgen ti ddim hawl . . . Gad lonydd i hwnna, fi pia fo!

Cymer Davies y bag a phwyso ar y cynnwys.

Reit . . . dw i 'di cael cynnig job yma . . . tendia di . . .

Gwisga ei siaced ysmygu.

. . . tendia di . . . dy frawd . . . mi setlith o di . . . deud hynna wrtha i . . . alwodd neb fi'n hynna o'r blaen . . .

Gwisga ei gôt fawr amdano.

Mi fyddi di'n difaru 'ngalw fi'n hynna, 'ngwas i . . . ti'm 'di clywed diwedd hyn . . .

Mae'n codi ei fag ac yn mynd at y drws.

Mi fyddi di'n difaru 'ngalw fi'n hynna . . .

Mae'n agor y drws, ac mae Aston yn ei wylio.

Mi wn i rŵan pwy i'w drystio.

Mae Davies yn mynd allan. Aston yn sefyll.

Tywyllwch.

Goleuni. Yn gynnar fin nos.

Lleisiau ar y grisiau.

Mae Mic a Davies yn dod i mewn.

Davies: Drewi! 'Dach chi'n clywed! Fi! Ddeudis i wrthach chi
be ddeudodd o, yn do? Drewi! 'Dach chi'n clywed?
Dyna be ddeudodd o!

Mic: Tch, tch, tch.

Davies: Dyna be ddeudodd o.

Mic: Dwyt ti ddim yn drewi.

Davies: Nac ydw!

Mic: Tasat ti'n drewi, fi fasa'r cynta i ddeud wrthat ti.

Davies: Mi ddeudis i wrtho fo nad oedd o ddim . . . ddeudis
i, dwyt ti ddim, dwyt ti ddim wedi clwad diwadd
hyn, gyfaill! Cofia di am dy frawd, meddwn i.
Ddeudis i wrtho fo basach chi'n cael trefn arno fo.
Ŵyr o ddim be ddechreuodd o pan ddeudodd o

hynna. G'neud hynna i mi. Yli, mi ddaw dy frawd, medda fi, mae gynno fo sens, nid fel chdi –

Mic: Be wyt ti'n feddwl?

Davies: Y?

Mic: Wyt ti'm yn deud nad oes gin 'y mrawd i ddim sens?

Davies: Be? Deud dw i, bod gynnoch chi'r holl blania 'ma
         . . . Yr holl ddecoretings,'dach chi'n gweld . . . hynny
         ydi. Ddyla fo ddim rhoi ordors i fi. Gynnoch chi dw
         i'n cymryd ordors. I chi dw i'n *garetaker*. Tydach
         chi ddim yn 'y nhrin i fel baw . . . 'Dan ni'n dau'n
         gweld sut un ydi o.

         Saib.

Mic: Be ddeudodd o ta, pan glywodd o 'mod i wedi cynnig
         y job i ti?

Davies: Deud . . . dy . . . dy . . . deud . . . rwbath . . . 'i fod o'n
         byw yma.

Mic: Wel, ma' hynny'n bwynt, yn tydi?

Davies: Pwynt! Eich tŷ chi ydi o, yntê? Ond mae o'n cael byw
         yma gynnoch chi!

Mic: Mi fedrwn i 'i droi o allan, mae'n siŵr.

Davies: Ia, dyna be dw i'n ddeud.

Mic: Ia. Mi fedrwn i 'i droi o allan. Fi 'di'r *landlord*. Ar y
llaw arall, fo ydi'r tenant. Mater o gyfraith. Peth felly
ydi rhoi notis, ti'n dallt? Mae'n dibynnu sut ma'
rhywun yn sbïo ar y stafall 'ma. Wedi'i ddodrefnu, ta
heb 'i ddodrefnu. 'Dach chi'n 'nallt i?

Davies: Nag 'dw.

Mic: Yr holl ddodrefn weli di yma, fo bia'r cwbwl
... ond y gwlâu, wrth gwrs. Dyna be ydi o ... Pwynt
o gyfraith ... Dyna be ydi o.

Saib.

Davies: Mynd yn ôl i'r lle doth o sy isio fo!

Mic: (*gan droi i edrych arno*) Lle doth o?

Davies: Ia.

Mic: O lle, felly?

Davies: Wel ... mi ... mi ...

Mic: Rwyt ti'n mynd braidd yn bell weithia, yn dwyt?

Saib.

135

(*Yn codi'n sydyn.*) Wel, ta waeth, fel mae petha, fasa
waeth gen i ddechra ar y lle 'ma . . .

Davies: Dyna be oeddwn i isio'i glywed!

Mic: Na. Fasa waeth gen i . . .

          Mae'n troi i wynebu Davies.

          Ond gobeithio dy fod ti gystal ag rwyt ti'n honni bod.

Davies: Be 'dach chi'n feddwl?

Mic: Wel, os wyt ti'n honni bod yn *interior decorator*,
          mae'n well iti fod yn un da.

Davies: Yn be?

Mic: Be haru ti, yn be? *Decorator. Interior decorator.*

Davies: Fi? Be 'dach chi'n feddwl? Sonis i ddim byd am beth
          felly. Fûm i erioed yn un.

Mic: Fuost ti erioed yn be?

Davies: Naddo, gyfaill. Naddo wir. Dydw i ddim yn *interior
          decorator.* Dw i wedi bod yn rhy brysur. Gormod o
          heyrns yn tân, 'dach chi'n gweld. Ond mi . . . mi
          fedra i droi fy llaw at rwbath . . . dim ond i mi gael
          amsar i ddysgu.

Mic: Does dim isio iti gael amsar i ddysgu. Isio *interior decorator* profiadol s'arna i. O'r radd flaena. Ro'n i'n meddwl dy fod ti'n un.

Davies: Fi? Arhoswch am funud bach . . . 'dach chi wedi camgymryd. 'Dach chi 'di cael gafael ar y dyn *wrong*.

Mic: Sut hynny? Dim ond wrthat ti bûm i'n siarad am y peth. Dim ond wrthat ti dw i wedi bod yn siarad am 'y mreuddwydion, 'y nyheada dyfna . . . dim ond wrtha' ti . . . a faswn i ddim yn deud wrtha' ti chwaith oni bai dy fod ti'n *ddecorator* tan gamp.

Davies: Ylwch, ylwch –

Mic: Wyt ti'n meiddio deud na wyddost ti ddim sut i osod sgwaria leino glas, copor a melyn ar lawr ac ailadrodd yr un lliwia ar y parwydydd?

Davies: Be wnaeth ichi feddwl – ?

Mic: Fedri di ddim rhoi gorffeniad o *affromosia teak* ar fwrdd, gorchuddio cadair freichia efo brethyn lliw ceirch, neu wneud setî o ffawydd a moresg wedi'u plethu?

Davies: Ddeudis i 'rioed baswn i'n medru!

Mic: Duwcs! Mae'n rhaid 'mod i wedi cael 'y nghamarwain!

Davies: Ddeudis i 'rioed!

Mic: Twyllwr wyt ti, mêt!

Davies: Ylwch, peidiwch â siarad fel'na efo fi. Fy ngwneud i'n *caretaker* yma ddaru chi . . . yma i roi help llaw ichi, fel petae . . . am geiniog bach. Sonis . . . ddeudis i . . . ddim byd am hynna . . . y petha 'na 'dach chi 'ngalw fi.

Mic: Be di d'enw di?

Davies: Peidiwch â dechra hynna eto –

Mic: Na, be di d'enw iawn di?

Davies: Davies ydi f'enw iawn i.

Mic: Pa enw sy gen ti rŵan?

Davies: Jenkins!

Mic: Mae gen ti ddau enw! Be am y lleill? Y? Rŵan, pam deudist ti'r holl gybôl 'ma wrtha i am fod yn *interior decorator*?

Davies: Ddeudis i ddim byd! Pam na wrandwch chi arna i?

   Saib.

   Fo ddeudodd mae'n siŵr – eich brawd ddeudodd

ma' raid . . . Dydi o ddim yn gall! . . . Mi ddeuda hwnna rwbath . . . o ran sbeit. 'Di o ddim hannar call.

Cerdda Mic yn araf tuag ato.

Mic: Be ddeudist ti am fy mrawd?

Davies: Pa bryd?

Mic: Be ydi o?

Davies: Ylwch! . . . Ddim yn . . . ddim yn . . .

Mic: Ddim yn gall? Pwy sy ddim yn gall?

         Saib.

         Galw 'mrawd i ddim yn gall? Fy mrawd i? Digywilydd braidd 'te?

Davies: Ond mae o'n deud hynny 'i hun!

         Cerdda Mic yn araf o gwmpas Davies gan edrych arno. Fe'i hamgylchyna unwaith.

Mic: Un rhyfedd wyt ti, yntê? Rhyfedd iawn wyt ti. Trwbwl sy wedi bod 'ma er pan ddoist ti yma gynta. Ia wir. Fedra i goelio un dim ddeudi di. Mae 'na fwy nag un ystyr i bob dim rwyt ti'n ddeud. Clwydda rhan fwya. Rwyt ti'n ffyrnig, rwyt ti'n oriog, rwyt ti fel sliwan. Yn y pen draw dwyt ti ddim gwell nag anifail gwyllt. Anwariad wyt ti. Ac i goroni'r cwbwl, rwyt ti'n hen sglyfath. Yli! Dyma chdi'n dy gynnig dy hun i mi fel *interior decorator*, finna'n dy goelio di. A be wedyn? Araith fawr am yr holl bapura pwysig sy gen ti yn Sidcup. Be wedyn? Welis i mohonot ti'n deintio i Sidcup i nôl nhw. Mae arna i ofn fod dy dymor di fel gofalwr ar ben. Dyma iti hanner coron.

Palfala yn ei bocedi, estyn hanner coron a'i daflu at draed Davies. Saif Davies yn llonydd. Cerdda Mic tuag at y stof a chodi'r Bwdha.

Davies: (*yn araf*) Ia . . . gwnewch ta . . . gwnewch . . . os mai dyna be 'dach chi isio.

Mic: Dyna be dw i isio!

Hyrddia'r Bwdha at y stof nwy. Mae'n torri.

(*Yn angerddol.*) Mi fasa rhywun yn meddwl ma' dim ond y tŷ yma sydd gin i i boeni amdano fo. Mae gin i ddigon o betha eraill i boeni amdanyn nhw. Mae gen i betha eraill. Mae gin i ddigon o ddiddordeba eraill. Mae fy musnes fy hun gin i i'w godi ar 'i draed, tydi? Rhaid i mi feddwl am ehangu . . . i bob cyfeiriad. Dw i ddim yn aros yn f'unfan. Dw i'n symud o gwmpas drwy'r adeg. Dw i'n symud . . . drwy'r adeg. Rhaid i mi feddwl am y dyfodol. Dw i'n poeni dim am y tŷ 'ma. Dydi o'n ddim byd i mi. Mi geith fy mrawd boeni a gwneud fel y myn ag o. Dim ots gen i. Roeddwn i'n meddwl 'mod i'n gwneud ffafr ag o, yn gadael iddo fo fyw yma. Mae gynno fo 'i syniada 'i hun a mi geith 'u cadw nhw. Dw i am roi'r ffidil yn to.

Davies: Be amdana i?

Distawrwydd. Nid yw Mic yn edrych arno.

Clywir drws yn cau.

Distawrwydd. Ni symudant.

Daw Aston i mewn. Cau'r drws, symud i mewn i'r ystafell a wynebu Mic. Edrychant ar ei gilydd, y ddau'n gwenu braidd.

Mic: (*yn dechrau siarad efo Aston*) Yli . . . y . . .

Ar fedr dweud rhywbeth, mae Mic yn peidio, yn mynd at y drws ac yn mynd allan. Mae Aston yn gadael y drws yn agored, yn croesi y tu ôl i Davies, a gweld y Bwdha wedi torri. Sylla ar y darnau am ychydig. Yna tyn ei got ac eistedd ar y gwely. Cymer y tyrnsgriw a'r plwg a dechrau arni eto.

Davies: Dim ond dŵad yn ôl am 'y nghetyn wnes i.

Aston: O, ia.

Davies: Mi es i allan . . . a ffendis . . . 'dach chi'n gweld . . . nad oedd 'y nghetyn gin i. Felly dyma fi'n picio yma . . . i nôl o . . .

Saib. Cymer gam tuag at Aston.

Nid yr un plwg ydi hwnna . . . ?

Methu g'neud dim iddo fo?

Saib.

Wel . . . os daliwch chi ati . . . mi ffendiwch, ma' siŵr.

Saib.

Gwrandwch . . .

Saib.

Doeddach chi ddim yn meddwl hynna, 'mod i'n drewi, oeddach chi?

Saib.

Oeddach chi? Mi fuoch chi'n ffrind da i mi. Mi cymsoch chi fi i mewn. Mi cymsoch chi fi i mewn, heb ofyn cwestiyna, rhoi gwely imi, a bod yn ffeind. Ylwch, dw i wedi bod yn meddwl pam ro'n i'n cadw twrw yn y nos. O achos y drafft, 'dach chi'n gweld, y drafft pan o'n i'n cysgu, hwnnw oedd yn g'neud i mi gadw sŵn heb imi wybod, felly, be 'ddyliach chi tawn i'n cael eich gwely chi, a chitha 'ngwely finna, ma' nhw'n ddigon tebyg, mi fedrwch chi gysgu ddigon hawdd, a taswn i'n cael eich gwely chi, mi faswn i

142

allan o'r drafft, dim ots gynnoch chi gael tipyn o wynt, rydach chi'n licio awyr iach, a chitha wedi bod i mewn yn y lle 'na'r holl amsar, a'r doctoriaid yna a ballu, pob drws wedi'i gau, rhy boeth ydyn nhw, rhy boeth o lawar, welis i un ohonyn nhw unwaith, fuo jest imi fygu, felly ddeuda i chi be wna i . . . mi ffeiriwn ni'r ddau wely, ac mi fedrwn edrach ar ôl y tŷ ichi wedyn, cadw llygad arno fo, i chi, nid i *hwnna*, nid i'ch brawd . . . naci, nid iddo fo . . . fi ydi'ch dyn chi . . . dim ond . . . dim ond, dim ond ichi ddeud y gair . . .

Saib.

Be ddyliach chi o hynny?

Saib.

Aston: Na, mae'n well gin i'r gwely yma.

Davies: Tydach chi ddim yn 'y nallt i!

Aston: Ta waeth, gwely 'mrawd i ydi hwnna.

Davies: Eich brawd?

Aston: Pan licith o aros yma. Hwn 'di 'ngwely i. Dim ond yn hwn medra i gysgu.

Davies: Ond mae'ch brawd chi wedi mynd! Wedi mynd!

Saib.

Aston: Na, fedrwn i ddim newid dau wely.

Davies: Ond dydach chi ddim yn 'y nallt i!

Aston: P'run bynnag, mi fydda i'n rhy brysur. Rhaid imi
          wneud y cwt 'na. Os na wna i o rŵan cha i byth mono
          fo i fyny. Fedra i wneud dim nes ca i o i fyny.

Davies: Wn i be wna i, mi helpa i chi 'neud y cwt.

          Saib.

          Mi helpa i chi. Mi godwn ni'r cwt 'na efo'n gilydd,
          te! Fyddwn ni fawr o dro. 'Dach chi'n dallt be sy gin i?

          Saib.

Aston: Na. Mi gwna i o fy hun.

Davies: Ond gwrandwch. Dw i efo chi, mi fydda i yma, mi
          gwna i o i chi!

          Saib.

          Mi g'nawn ni o efo'n gilydd.

          Saib.

          Duwcs, mi ffeiriwn ni'n gwlâu.

*Mae Aston yn mynd at y ffenestr ac yn sefyll â'i
gefn at Davies.*

Fy lluchio i allan – dyna 'dach chi'n 'neud? Fedrwch
chi ddim g'neud hynny. Gwrandwch ddyn,
gwrandwch ddyn, dim ots gen i, ylwch, dim ots gen
i, mi arhosa i, dim ots gen i. Os nad ydach chi'n
fodlon ffeirio gwely, mi gadawn ni betha fel ma'
nhw. Mi arhosa i yn yr un gwely, ella medra i gael
pishyn mwy o sach i fynd dros y ffenast i stopio'r
drafft, te? Be 'dach chi'n ddeud? Mi gadwn ni betha
fel ma' nhw.

Saib.

Aston: Naci.

Davies: Pam . . . ?

Mae Aston yn troi ac yn edrych arno.

Aston: Rydach chi'n g'neud gormod o dwrw.

Davies: Ond . . . ond . . . ylwch . . . gwrandwch . . . gwrandwch
rŵan . . . Dw i'n meddwl . . .

Mae Aston yn troi'n ôl at y ffenestr.

Be wna i?

Saib.

Be wna i?

Saib.

Lle'r a' i?

Saib.

Os ydach chi isio imi fynd . . . mi a' i. Dim ond ichi ddeud.

Saib.

Wn i . . . wyddoch chi'r sgidia . . . y sgidia 'na roesoch chi imi . . . ma' nhw reit dda . . . reit dda imi . . . reit dda. Ella medrwn i . . . fynd . . .

Mae Aston yn aros yn llonydd ger y ffenestr, a'i gefn ato.

Ylwch . . . taswn i'n mynd . . . taswn i'n cael . . . fy mhapura . . . fasach chi . . . fasach chi'n gadael imi . . . taswn i'n mynd . . . i gael . . . y . . .

Distawrwydd maith.

Llen

Dramâu cyfoes a chyfrolau ar
y Theatr Gymraeg
o Wasg Carreg Gwalch

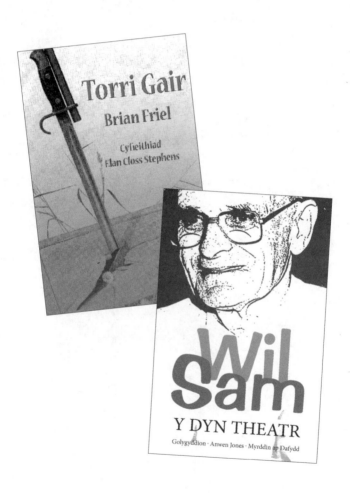

Merched Eira
a Chwilys

Dwy ddrama gan

Aled Jones-Williams

YN DEBYG
IAWN I TI A FI

Meic Povey

I'R GOLAU
CYFRES DRAMÂU
DIWEDDAR

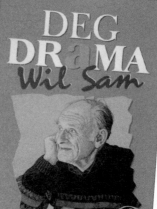

LLIFEIRIAU
Wil Sam

I'R GOLAU
CYFRES DRAMÂU
DRWODDAB

DERYN DU
David Harrower
DERYN DU
Addasiad Bryn Fôn